Arno Frank Eser

Lisa Fitz – Ladyboss und Heilige Hur'

Arno Frank Eser

Lisa Fitz

Ladyboss und Heilige Hur'

Ch. Links Verlag, Berlin

Herausgeber der Reihe: Peter Köpf

Die Deutsche Bibliothek – CIP-Einheitsaufnahme

Eser, Arno Frank:
Lisa Fitz : Ladyboss und Heilige Hur' /
Arno Frank Eser. – Berlin : Links, 1996
(Schräge Köpfe)
ISBN 3-86153-120-8

© Christoph Links Verlag – LinksDruck GmbH, 1996
Zehdenicker Straße 1, 10119 Berlin, Telefon: (030) 449 00 21
Umschlaggestaltung: KahaneDesign, Berlin,
unter Verwendung eines Fotos der Fitz-Company
Satz: LVD GmbH, Berlin
Schrift: Officina Serif
Druck- und Bindearbeiten:
meraner reprostudio, Meran

ISBN 3-86153-120-8

Inhalt

Für Lisa.

Eine Frau, von der ich viel gelernt habe.

Mit Dank.

1.

Frau Fitz, bitte auf die Bühne!

10. April 1996. Die Kabarettistin Lisa Fitz will ihr neues Programm »Kruzifix« vorstellen. Premiere im Münchner Saal »Metropolis« überm traditionsreichen Matthäser-Bierkeller. »Kruzifix« – eine Abrechnung mit Kirche, Gott und Teufel. Ein Programm, das die Elemente Kabarett, Rockshow, Commedia dell'arte und traditionelles Theater verbindet. Ein Programm, das sie mit ihrem Ex-Ehemann Ali Khan und mit drei ausgewählten Musikern vorbereitet hat. Mit einem immensen Aufwand – an Vorbereitungszeit, Bühnenausstattung, Kostümen, Effekten. Das alles hat hohe Investitionen erfordert. Lisa und ihre Crew sind ein bißchen nervös. Wie immer bei einer Premiere.

Schließlich sind sie alle da: die Freunde, die Feinde, die Journalisten, die Freibier-Gesichter alias Ehrengäste. Heute muß alles klappen. Und es wird klappen, da ist sich Lisa ganz sicher. Ihr Thema »Kruzifix« schwimmt im Trend, ist up to date. Nicht erst seit dem gleichlautenden Gerichtsurteil. Gurus jeder Richtung verspüren in diesem Frühjahr '96 einen unglaublichen Aufwind; auch der Pole Wojtyla, derzeit wohnhaft im Vatikan in Rom, darf sich über eine neue Spiritualität bei seinen alten und neuen Schäfchen freuen. Lisa will ihm eins draufgeben. Ihm und seiner Firma. Denn »die katholische Kirche ist eins der letzten totalitären Systeme dieser Welt«. O-Ton Lisa Fitz. Zeit wird's. Der Bogen ist gespannt. Das Nervenkostüm auch.

Dann der Auftritt. Lisa wunderschön anzuschauen in einem Madonnenkostüm. Ein Schweinegeld hat's gekostet, aber es mußte unbedingt dieses Kostüm sein. Die Szene spielt im Himmel. Lisa als bayerische Mutter Gottes. Kabarett oder Bauerntheater? Egal. Denn die Kulisse ist erst mal Sensation genug. Dann die Gags: Luzifer höchstpersönlich mit Chaos-Erfolgsmeldungen auf dem Anrufbeantworter, Engel Ferdinand als Roller-Skater mit knallgelben Knieschützern und riesigen Flügeln.

Doch das Chaos bahnt sich tatsächlich an. Und zwar nicht nur das im Programm vorgesehene, sondern das ganz reale, das aus dem wirklichen Leben. Denn Lisas Mikrophon, versteckt unter der goldgelben Perücke, fängt zu rauschen und zu knacken an. Manchmal kommen nur noch Satzfetzen rüber. Lisa schaut schräg in die Luft. Hofft, daß sie sich getäuscht hat. Daß alles nicht so schlimm wird. Doch nach kurzer Zeit ist es sonnenklar: Die Technik spielt nicht mit. Kurze Unterbrechung. Ein fleißiger Helfer nestelt an den Kabeln an Lisas Körper rum. Irgendwie lustig, wenn da einer vor allen Leuten der bayerischen Madonna an die Wäsche geht. Lisa grinst vielsagend, macht das Ganze zum Gag. Und bibbert innerlich, ob jetzt auch wirklich alles in Ordnung ist mit der Technik. Zwei, drei Sätze weiter im Text. Die Reparaturarbeit scheint von Erfolg gekrönt. Noch drei, vier Sätze. Und wieder Tonausfall. Jetzt hilft kein Gag, keine Ausrede mehr. Die Premierenstimmung ist vermasselt. Öffentliche Entschuldigung, Rückzug hinter die Bühne, Unterbrechung, technische Bastelarbeiten. Gemurmel im Publikum.

Die Pause zieht sich hin. Fünf Minuten, zehn Minuten. Oder sind's schon 15? Endlich kommt die Madonna zurück. Und der Sound steht. »Jetzt haben wir aber einen Applaus verdient, finden Sie nicht auch?« Doch, das Publikum findet das auch. Madonna alias Lisa lächelt profihaft und sichtlich erleichtert. Und die Verstärkeranlage und das Mikrophon scheinen in Ordnung zu sein. Doch als ob Luzifer oder sein himmlischer Gegenspieler höchstpersönlich was gegen das »Kruzifix«-Programm hätten – die Technik gibt kurz darauf schon wieder ihren Geist auf. Es ist wie verhext. Lisa Fitz macht ohne Mikrophon weiter, hebt ihre

Stimme im Wettstreit mit ihren mikrophonbewaffneten Mitspielern. Nicht unbedingt erfolgreich. Der Raum schluckt zuviel; die Akustik hat ihre eigenen Gesetze. Von der Mitte des Saales an verlieren sich Madonnas Worte im Nichts.

Nach der Vorstellung erst mal ein Riesenkrach hinter der Bühne. Flüche, Beschimpfungen, irgendwer muß doch schuld sein an dem Debakel. Und Ferdinand alias Ali Khan-Halmatoglu, Lisas Ex-Ehemann, schlägt wütend einen Stuhl zu Kleinholz. Gedrückte Stimmung im Team, aber bestimmt nicht wegen des Möbelstücks.

Lisa Fitz ringt um Fassung, übt sich in Selbstbeherrschung. Doch in ihr drin tobt es. Diesen Tonmeister, diesen technischen Kurzschluß, man müßte ihn einfach standrechtlich erschießen! Oder etwa nicht? Das Team ist in einem Tief. Bis man sich drauf einigt, daß es einfach höhere Gewalt war, was da passiert ist. Daß auch der Toningenieur in so einem Fall freizusprechen ist.

»So was darf einfach nicht vorkommen«, sagt Lisa Fitz im nachhinein, »so was kostet ein Viertel des Abends. Ein Viertel an Stimmung, ein Viertel an Lachern, ein Viertel an Erfolg. Wenn nicht mehr. Ich kam mir vor wie Alexis Sorbas in dem berühmten Film: Mit äußerster Kraft hat Sorbas diese Bergwerkrutsche aufgebaut, und bei der Generalprobe bricht alles in sich zusammen.« Aber Sorbas hat's lachend überlebt. Er hat sogar seinen berühmten Sirtaki drauf getanzt. Und Lisa? »Klar haben wir uns Mut gemacht hinterher. Haben betont, was alles gut war. Aber irgendwie war's doch so wie bei einer mißglückten Hochzeit: Ein Kind steigt dir auf den Schleier, der Hund kotzt vor den Altar, der Schwiegervater lallt besoffen rum, und alle schauen dich mit heuchlerischen Augen an und bescheinigen dir, daß dies doch der schönste Tag in deinem Leben ist. Ein Horror!«

Nein, das ist aber absolut nichts, was mit Lampenfieber zu tun hat. Eher mit einem Mangel an Professionalität. Denn der Mythos Lampenfieber läuft bei der Fitz ohnehin nur als Mär, die sich gut erzählt. »Ich halte es für absoluten Quatsch, wenn Künstler behaupten, sie hätten nach so und so vielen Berufsjahren immer noch Lampenfieber. Und für einen noch größeren Quatsch halte ich es, wenn man dieses ewigwährende Lampenfieber als Beweis für die Wahrhaftigkeit des Künstlers heranzieht. Lampenfieber, sprich Nervosität, kann ich doch nur empfinden, wenn ich nicht bei mir bin. Also wenn ich nicht genügend vorbereitet bin oder vor den falschen Leuten stehe, eine Gala bei Siemens bestreiten muß oder so. Aber ansonsten darf es doch so was wie Lampenfieber nur bei Anfängern geben.«

Schon seit der Schauspielschule verspürt sie dieses Phänomen nicht mehr. »Das stählt doch, wenn man auf der Bühne steht, auch wenn's einem schlecht geht, und das Publikum für sich gewinnt. Spätestens wenn die ersten Rückmeldungen von den Leuten kommen, die ersten Lacher, ist jede Nervosität vorbei. Muß vorbei sein.«

Dennoch gibt es auch bei ausgebufften Profis Zustände, die einem das Bühnenleben zur Hölle machen können. »Wenn's mir persönlich schlecht geht, wenn ich schwer melancholisch bin, dann kann so ein Auftritt schlimmer als eine Folter sein.« Das Wort »depressiv« will sie nicht verwenden, weil es so »modern« klingt und gleichzeitig so ausgelutscht und leer. Weil jeder, der ein bißchen schlecht drauf ist oder traurig, dieses Wort leichtsinnig im Munde führt. Und, andersrum, weil jeder, der auf sich hält, schon mal eine richtige Depression gehabt haben muß. Waren nicht alle berühmten Künstler manisch, depressiv oder gar beides?

Wie auch immer. In ihrem autobiographisch gefärbten Roman »Flügel wachsen nach« läßt Lisa Fitz ihre Titelheldin Lena Lustig, von unerfüllter Liebe und von Eifersucht geplagt, eine Hölle durchleben, gegen die das landläufige Lampenfieber wie Zuckerschlecken wirken muß. Sie schildert die Verzweiflungsszene, ohne nach Mitleid zu heischen. Und sie zeigt eindrucksvoll, wie man/frau auch und gerade in so einer Situation über sich hinauswachsen kann:

»Frau Lustig, bitte zur Bühne. Die Vorstellung beginnt in fünf Minuten!

Das Saallicht geht aus. Draußen hockt die dunkle, zahlende Masse. Ich weiß kein Wort mehr. Wie geht es los?

›Sehe ich nicht glänzend aus?‹ O. k., und was kommt dann? Weiß nichts mehr, keinen einzigen Satz. Ich will um keinen Preis da hinaus. Nach fünf Minuten werde ich einfach abbrechen und sagen: Es tut mir leid, meine Damen und Herren, aber ich bin am Ende, ich kann nicht mehr. Kreislaufkollaps, asiatische Grippe, tödlicher Virus oder irgendwas. Ich kann unmöglich sprechen. Ich bringe keinen vollständigen Satz heraus. Mein vom marternden Denken geschundenes Hirnzentrum hat eine Sprechlähmung erzeugt. Fünfzig eng beschriebene Seiten Text, zehn Lieder, neunzig Minuten. Und Zugaben. Achthundert Menschen haben Karten gekauft und erwarten, daß ich sie ablachen lasse, ihnen etwas bewußt mache, sie irgendwohin führe, in ein neues, kritisch-humorvolles Bewußtsein. Wer führt mich? Ich habe den Weg verloren im Dunkel und irre durch mein zerstörtes Leben, bin vom Pfad der Erkenntnis abgekommen in die Hölle der Abhängigkeit. War zu schwach, viel zu schwach. Soll jetzt da draußen tun, als wär' ich wer. Als wär' ich stark, gescheit, lustig, Lustig, L-u-s-t-i-g ... Ich fühle mich als Angeberin, als Verkäuferin von faulem Obst. Ich wollte den Frauen den Rücken stärken, und nun ist mein Rückgrat verbogen.

Applaus. Der erste Satz. Keiner lacht. Der zweite Satz. Etwas zu laut. Immer lacht noch keiner. Der dritte Satz, kein Versprecher bisher, aber auch kein Lacher. Simon, heute ist mein Geburtstag, warum hast du mich nicht angerufen den ganzen Tag? Doch er hat ja, eine Stunde vor Veranstaltungsbeginn. Warum hat er gewartet bis dahin, dieses kalte Monster? Vergißt er mich jetzt ganz? Sind Geburtstage so wichtig? Der vierte Satz. Ein paar Leute lachen. Ich will zu dir heim, in deine Arme. Wo bist du jetzt? Was machst du gerade? Liegst du auf der Couch neben deiner Frau? Hat sie dir ein gutes Essen gekocht? Gestern bist du in meinen Armen gelegen, in meinem Bett. Ich hasse dich, du Menschenzerstörer, ich liebe dich, du Frauenbefriediger.

Der sechste Satz. Da, jetzt hat der ganze Saal gelacht! Aber noch zu lasch, zu matt. Das war noch nichts. Ich vibriere. Niemals kann ich das zwei Stunden durchhalten. Wo soll ich die Kraft hernehmen, wie die Töne halten? Wie mein Gesicht unter Kontrolle behalten? Wann darf ich es endlich sagen, daß ich nicht lustig bin, daß es mir beschissen geht, daß sie mich alle am Arsch lecken können? Niemals. Und zu jeder Zeit. Aber dann ist es vorbei mit der Komikerin Lena Lustig. Die Raubtiermeute fällt über sie her und zerfleischt sie, bis nichts mehr übrig ist außer ein paar blutigen Knochen. Die Öffentlichkeit ist ein reißendes Tier.

Fünfzehn Minuten sind vorbei. Jetzt haben sie schon lauter gelacht. Ich bin nicht gut, noch nicht, das Publikum auch nicht. Langweilige, arschlastige Ignorantenversammlung! Denkt ihr nicht, ihr tumbes Pack? Warum versteht ihr, verdammt, nicht, wovon ich rede? Könnt ihr nicht denken, nicht schalten, sitzt ihr auf der Leitung? Ich arbeite mir einen ab hier oben, und ihr glaubt, ihr könnt wie achtzigjährige Greise sabbernd da unten sitzen und teilnahmslos glotzen? Ihr meint, weil ihr bezahlt habt, braucht ihr nur mehr wie vor dem Fernseher sitzen und Chips fressen?! Es steht hier ein lebendiger Mensch vor euch, zumindest äußerlich! – Wartet, euch zeig ich's ...!«

Lisa Fitz läßt ihre Romanheldin Lena Lustig dann innerlich in Wut geraten. Eine Wut, die Flügel verleiht und die den Auftritt letztlich zum Erfolg führt. Wer Augen hat, zu lesen, und auch nur ein bißchen denken kann, der sieht und weiß genau: Lena ist Lisa, Lustig ist Fitz. Übrigens nicht nur in diesem Kapitel.

Ein umfassendes Outing innerhalb dieses Buches aber weist Lisa Fitz von sich. »Dann hätte ich es Biographie genannt und nicht Roman.«

2.

Vom Waldschrat zur
bayerischen Frohnatur

Drei Stifte ziehen von Tür zu Tür, trällern lustige Liedlein und halten danach fordernd die Hand auf. Nein, es ist nicht Heilige-Drei-Könige, der 6. Januar, wo die bayerischen Buben und Mädel traditionsgemäß als Kaspar, Melchior und Balthasar verkleidet um milde Gaben singen. Es ist Hochsommer. Und Klein-Lisa und ihre Freunde haben immer noch keinen Sponsor für ihr längst fälliges Eis gefunden. Ein Problem, das sich auf diese Art in der Regel schnell lösen läßt. »Die beste Adresse waren meine Groß-eltern. Ein Lied gegen Geld fürs Eis. Das wurde schon vor unse-rem Auftritt fest ausgemacht.« Der Grundstein für eine profes-sionelle Künstlerkarriere ist also gelegt.

Lisa Fitz wird 1951 in Zürich geboren, in dritter Generation der Münchner Theaterfamilie Fitz. Nicht nur Vater Walter und Mutter Molly haben mit dem Showgeschäft zu tun, auch die mei-sten anderen Familienmitglieder und der ganze Freundes- und Verwandtenkreis. »Bei uns zu Hause ging's zu wie in einem Tau-benschlag«, erinnert sich Lisa, »und in den Gesprächen der Er-wachsenen ging's ständig um irgendwelche Theaterprojekte, Rol-len oder sonst was Künstlerisches.« Kein Wunder, daß die Kleine schon mit fünf beschließt, daß sie auf jeden Fall Kasperl werden will.

Auf ihre Rolle als Kasperl muß sie allerdings noch eine Zeit-lang warten. Denn das erste Angebot für eine öffentliche Rolle sieht sie als Waldschrat vor, im Kindertheater ihrer Großmutter. Neun Jahre ist sie alt, hat das Gesicht voller Ruß, wie's sich für einen richtigen schwarzen Kobold gehört. »Und eine Ohrfeige

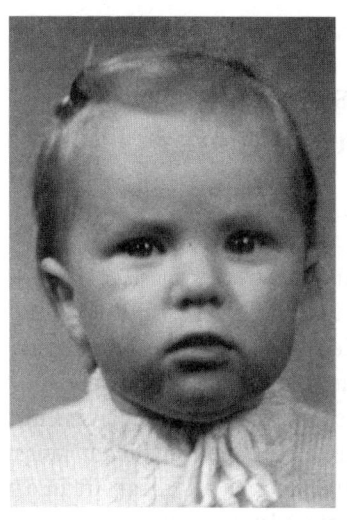
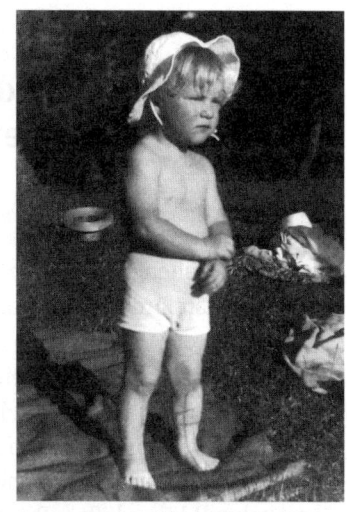

Der Mittelpunkt
der Künstler-
familie Fitz:
Lisa im Alter
von einem Jahr
(oben links),
zwei Jahren
(oben rechts)
und vierein-
halb Jahren
mit ihrem Vater
Walter Fitz

hab ich mir dabei auch eingehandelt. Von der Oma, fürs Schwätzen hinterm Vorhang.« Man hat's nicht leicht als Waldschrat.

Aber nicht nur der Familienverbund ist's, der Lisa auf die Bühne hilft, sondern auch ihr Ehrgeiz, was Besonderes sein zu wollen. »In meiner Oberschule, da waren lauter so Von und Zus, zumindest aber Großbürgerliche, mit Reitstunden oder gar mit eigenem Pferd, so ganz Hochnäsige halt. Da hab ich mir gedacht: Euch zeig' ich's. Euch allen miteinander!«

Mit zehn, ein Jahr nach ihrem Einstand als Waldschrat, beginnt Lisa, klassische Gitarre zu lernen. »Den Unterricht gab mir zwar mein Vater, aber meine Mutter war der Motor dafür.«

Und damit die Lektionen in den heimischen vier Wänden nicht zu langweilig werden, darf noch ein Freundin mitlernen: Mona Freiberg. Mona wird später zusammen mit ihrem Mann das Chiemgauer Volkstheater leiten, also eine ganz andere Richtung einschlagen als ihre Freundin Lisa, aber erst mal probieren's die beiden als Duo, als »Mona & Lisa«. Sie singen »Blowing in the Wind« von Bob Dylan und »In the Morning of my Life« von den Ofarims, dazu noch ein paar Stimmungsgassenhauer wie »Viva la Feria«. Doch immer häufiger kommen auch Eigenkompositionen dazu. Vater Fitz wird nach und nach zum Berater und Manager für die beiden, er greift konstruktiv und regulativ ins künstlerische Treiben ein, und er vermittelt auch Auftritte. Die dann nicht immer hundertprozentig von Erfolg gekrönt sind. »Einmal haben wir unseren Dylan-Text vergessen«, weiß Lisa noch heute, »und es gab ein furchtbares Chaos, weil wir nicht mehr zusammengefunden haben. Das war bei einer Gala für IBM, und wir mußten schließlich so lachen, daß wir unseren Auftritt abbrachen.«

Ganz so lustig, wie sich das alles anhört, ist's nun auch wieder nicht mit Mona und Lisa. Lisa, so im Teeniealter zwischen 16 und 17, hat auch unter ihrer Freundin zu leiden: »Sie hatte einen schöneren und größeren Busen als ich, die bessere Stimme, und

*Mona Freiberg und Lisa Fitz (rechts) als das Duo »Mona & Lisa«
bei einem Auftritt 1968*

selbstsicherer war sie auch. Mona hat mir lange das Wasser abgegraben.«

Doch die sieht das natürlich ganz anders: »Von wegen. Also künstlerisch hatte Lisa auf jeden Fall die Hosen an. Sie bestimmte, wer die erste und wer die zweite Stimme sang, und sie stellte auch im wesentlichen das Programm zusammen. Auf jeden Fall habe ich die Lisa immer als Leithirsch gesehen.« Höchstens im Privatbereich kann sich Mona Freiberg kleine Konkurrenzgeschichten vorstellen: »Ich war die Rundere und Lisa sehr schlank. Und es ist doch immer so im Leben, daß man das haben will, was man nicht hat. Also wollte ich immer so schlank sein wie die Lisa – und die wollte natürlich solche Rundungen haben, wie ich sie hatte.«

Die Auflösung des Duos Mona & Lisa passiert Schritt für Schritt, ohne festgesetzten Endpunkt. Immer mehr wird das gemeinsame Programm zu einer Verbindung von zwei Soloprogrammen; und die künstlerischen Unterschiede treten immer deutlicher zutage. Als Mona dann heiratet, wendet sie sich ganz der volkstümlichen und -tümelnden Schauspielerei zu.

»Papa Fitz war über unsere Trennung wahrscheinlich nicht gerade unfroh«, so Mona Freiberg, »denn es war für alle offensichtlich, daß dieses Projekt keine Zukunft mehr hatte. Also hat er auch nicht interveniert.«

Mona Freiberg und Lisa Fitz sind aber auch heute noch in Kontakt, wenn auch in einem sehr losen. Sie rufen sich ab und zu an. Es kann aber auch vorkommen, daß sie längere Zeit nichts voneinander hören. »Wir gehen wie Schwestern miteinander um«, erzählt Mona, »und dazu gehört auch, daß wir im Gespräch sehr offen sind und kein Blatt vor den Mund nehmen. Es fällt uns überhaupt nicht schwer, auf den Punkt zu kommen. Auch dann nicht, wenn eine längere Sendepause war.«

In einem Punkt jedenfalls kann Mona nicht mithalten: Lisa geht zum Film. Wir schreiben 1967, hören Beatles und Rolling Stones, lesen Oswald Kolle und andere Aufklärer, schlucken die

Pille. Und sind natürlich sexuell befreit. »Der Typ, der mir am Telefon die Rolle angeboten hat, log mich an. Er erzählte irgendwas von einem Aufklärungsfilm für Eltern, ganz seriös und so. Und die 400 Mark Gage, das war verdammt viel Geld damals!« Aber die Vorwürfe der Mutter sind auch nicht ohne: »Ich schäme mich als Mutter!« Lisa aber findet ihr Gastspiel in diesem Aufklärungsfilm für Eltern gar nicht so schlimm. Auch den Titel nicht: »Schulmädchen-Report«.

An den Stunk mit ihrer Mutter kann sie sich noch gut erinnern. »Meine Mutter war eine Übermutter und außerdem eine Klasse-Frau. Die Männer lagen ihr buchstäblich zu Füßen. Sie aber war meinem Vater treu, konsequent. Ihre Einstellung und ihre ganze Haltung hätten nie was anderes zugelassen. Ich hatte oft Konflikte mit ihr, nicht bloß wegen diesem blöden Sexfilm, aber irgendwie war sie trotzdem immer an meiner Seite.«

Sie ist auch da, als sich für Lisa eine Chance als Moderatorin andeutet. Vater Walter Fitz ist gerade als Talentsucher für die Schallplattenfirma Polydor tätig, als ihn Franz Pavlicek, ein Redakteur des Bayerischen Rundfunks, wegen einer Musiksendung um Beratung angeht. Gesucht werden volkstümliche Musiker, bayerische, fürs Fernsehen. Papa Fitz präsentiert Pavclicek so ziemlich seinen ganzen Künstlerstall, bis ihm seine Tochter einfällt. Schließlich hat sie ja gerade eine Platte gemacht, »I bin bläd«, eine Persiflage auf die Frau als Dummchen. Und auf alle, die Frauen gern in dieser Rolle sehen. Ob diese Platte was für die neue Fernsehsendung ist? Er zeigt Pavlicek ein Foto von Lisa und spielt ihm die Platte vor.

»Sag mal, kann die denn auch moderieren, deine Lisa?« überrascht Pavlicek den verdutzten Manager und Vater. »Keine Ahnung, da müssen wir sie fragen.« Doch bevor Lisa noch so richtig zum Nachdenken und Antworten kommt, hat die Familie schon entschieden: »Natürlich kann die Lisa moderieren. Was soll daran so schwierig sein?«

Dann geht alles wahnsinnig schnell. Lisa wird in ein Dirndl gesteckt, macht Probeaufnahmen, bekommt die Stelle als Moderatorin. 1972 startet das TV-Spektakel »Die Bayerische Hitparade« zum großen Höhenflug durch. Einschaltquoten bis zu 70 Prozent. »Warum hat so eine blöde Sendung bloß so einen großen Erfolg?« fragt sich das Intelligenzia-Blatt *Die Zeit* und liefert die Antwort gleich mit: Es muß an der Moderatorin liegen, an dieser Lisa Fitz. Die hat anscheinend das ganz gewisse Etwas, das über das übliche Geplauder zwischen zwei Volksmusiktiteln hinausgeht.

»Daß dieses Ding so ein Erfolg wird, war für uns alle eine Riesenüberraschung. Damit hatte keiner so richtig gerechnet, am allerwenigsten ich selbst. Denn für mich war das nur so ein Job für zwischendurch, den ich wegen der Gage machte, und weil's sich halt so angeboten hat. Aber damals war mir schon klar, daß ich ernsthaft Theater spielen will.«

Lisa Fitz zieht Bilanz: »Eigentlich hätte ich das mit der Hitparade nie machen dürfen. Aber andererseits hat mir die Popularität, die ich durch diese Sendung bekommen habe, auch bei meinen späteren Projekten weitergeholfen.«

Schnell wird das Image von der bayerischen Frohnatur zum persönlichen Bumerang: »Da klopfen dir auf einmal wildfremde Leute wohlwollend auf die Schulter. Leute, die du bis vor kurzem noch zu deinen Feindbildern gezählt hast. Ich hab schnell gemerkt, daß da was nicht stimmt, daß ich da wieder raus will. Aber wann immer ich mit meinem Vater darüber gesprochen habe, wurde nur abgewiegelt.« – »Du kannst doch froh sein, daß du so leicht und so schnell Geld verdienen kannst«, will er seiner Tochter den Kopf zurechtrücken. Und im Vergleich zum Arbeitsaufwand war die Gage ja nicht schlecht, da hatte er schon recht. Alle Einwände hakt er also unter der Rubrik »Launen einer Diva« ab.

Tief drin in Lisa grummelt's. Und sie beginnt zu ordnen. Jawohl, sie hat Humor, zweifellos. Aber sie ist keine Frohnatur, verdammt noch mal. Schon gar nicht eine von der Sorte, die manche Fernsehbosse und fast alle Zuschauer gern in ihr sehen. Der Bruch mit dem TV-Job und auch der Bruch mit dem Vater zeichnen sich immer mehr ab. Und auch ein Muster wird deutlich, das sich vorher und nachher durch Lisas Leben zieht: eine Chance erkennen und packen, aber genauso schnell wieder eine andere Richtung einschlagen, wenn sich die vermeintliche Chance als Irrweg erweisen sollte.

Vor der endgültigen Trennung vom Dirndl und auch vom Vater gibt's aber erst mal so manche Ehrenrunde, wie so oft im Leben in vergleichbaren Situationen. Nächtelange Diskussionen stehen ins Haus. Doch 1979, als Lisa schon einen inneren Boden mit der Schauspielerei gefunden hat, ist es dann soweit. Es kommt zum Bruch. Mit zwei Flaschen französischem Rotwein im Bauch und im Blut verkündet Lisa ihrem Vater den endgültigen Entschluß, den konsequenten Richtungswechsel, die berufliche Trennung. »Diese Szene ist heute noch manchmal ein Trauma für mich. Er hatte Augen wie ein angeschossenes weidwundes Reh. Er hatte uns immer als künstlerische Einheit gesehen.«

Aber Walter Fitz emanzipiert sich im Lauf der Jahre von seiner Tochter. Er spielt wieder Theater, kommt als Strauß-Parodist auf dem Nockherberg in München zu Ruhm und Ehren. Und Lisa kann sich guten Gewissens ihrem Theaterspielen widmen.

3.

Home sweet home

»Meine Kindheit war wunderschön. Wir lebten in einem großen gelben Haus in Krailling bei München. Das Haus ist inzwischen leider abgerissen worden.« Lisa Fitz seufzt tief. So, als hätte sie den Abriß dieses schönen Hauses immer noch nicht verschmerzt.

Und das sind die Bewohner des großen gelben Hauses: Großeltern und Eltern Fitz, eine Kinderschwester, eine Haushälterin, und eben Lisa. Ihre Eltern sind viel auf Tournee, treiben sich in der Weltgeschichte der großen und kleinen Künste rum. »Das hatte natürlich Vor- und Nachteile. Aber nachdem ich ja eine andere Art von Familie nicht erleben konnte, ist es ein Unding, da jetzt nachträglich dran rumzudeuteln, was besser gewesen wäre.«

Aber ein bißchen deutelt Lisa doch dran rum. Vielleicht war's ja doch ein Fehler, daß sie nicht in den Kindergarten gegangen ist wie die anderen. So ein Gegenpol zum isolierten Status Künstlerfamilie wäre vielleicht gar nicht schlecht gewesen. Aber auf diesen Aspekt ist sie erst in den letzten Jahren gekommen.

Nun ja, und so ein bißchen mehr Affenliebe nach Art der italienischen Mamas hätte vielleicht auch gutgetan. Man weiß es ja nicht. »Ich bin absolut dagegen, für alles im Leben die Eltern verantwortlich zu machen oder sie ständig an irgendwelchen imaginären Über-Eltern zu messen, die es gar nicht geben kann. So was verbitte ich mir von meinem Sohn ja auch. Also war schon alles in Ordnung so, wie es war.« Und Sohn Nepomuk kommt auch gar nicht auf die Idee, seine Mutter Lisa für alles mögliche in die Pflicht zu nehmen; die beiden führen ein ziemlich problemloses Leben miteinander. »Nepomuk ist derjenige meiner Männer, mit dem ich am wenigsten Probleme habe. Ein genetischer Glücksfall.« Sogar, als er den autobiographisch gefärbten Roman seiner Mutter, »Flügel wachsen nach«, liest, mit ganz speziellen Stellen für Erwachsene drin, muß sich Lisa Fitz ihrem Filius nicht erst groß erklären oder sich gar rechtfertigen. »Was soll's«, ist sein einziger Kommentar, »beim Stephen King gibt's auch solche Szenen ...«

Doch zurück zu den Anfangstagen. Als Lisa beginnt, künstlerisch zu arbeiten, findet sie es auch »ziemlich praktisch«, diesen ganzen Clan und dessen großen Bekanntenkreis als Unterstützung zur Seite oder auch nur im Hintergrund zu haben. »Du mit deinen Beziehungen!« sagen damals wie heute die Leute oft zu ihr, manchmal vorwurfsvoll, und es klingt auch mitunter ein bißchen Neid mit. »Jawohl, ich mit meinen Beziehungen, Gott sei Dank!« kontert sie dann, damals wie heute. Weil das halt so ist im Leben, daß der eine bei Null anfangen muß und der andere einen Vorsprung bekommt.

Bei Künstlers daheim geht alles ein bißchen lockerer zu als anderswo. Und drum ist es auch kein Drama, daß Lisa mit der Mittleren Reife die Schule abbricht. »Meine Leistungen in der Schule waren immer sehr lehrerbezogen. Wenn ich das Glück hatte, zu einem bestimmten Lehrer einen Draht zu finden, dann konnte man das direkt an den Noten ablesen.« In den oberen Klassen aber helfen auch keine Drähte mehr. Besonders in Mathe, Physik und Geographie ist der Wurm drin. Die ganze Familie büffelt und paukt mit ihr; jeder macht mehr oder minder positive Erfahrungen als Lisas Nachhilfelehrer. Doch als dann Französisch als dritte Fremdsprache dazukommt, gibt sich Lisa schon keine große Mühe mehr. »Da fehlt es mir an den elementarsten Grundregeln. Und bis heute kann ich mit dieser Sprache nichts anfangen.«

Die Beatles, die Rolling Stones, der erste Freund, der Baggersee – alles ist wichtiger als die Schule. Bis Lisa einen Schlußpunkt setzt: »Ich kann nicht mehr, ich will nicht mehr, Ende der Vorstellung!«

Was nun? Ganz klar: Schauspielschule! Schon seit ihrem 13. Lebensjahr schreibt sie eigene Lieder und spielt in Theaterstücken diverse Rollen, also ist die Richtung ohnehin schon vorgegeben.

Eine Richtung, die auch vom ganzen Clan und der Verwandtschaft mitgetragen wird, ohne Ausnahme. Eigentlich kein Wunder in einem Haus, in dem es »Vorhang auf« heißt, wenn Besuch reinschneit. Molly Fitz, die Mutter, inzwischen 72, gebraucht die »Vorhang auf«-Redewendung noch bis heute. Auch dann, wenn's nur die Putzfrau ist, die sich angemeldet hat.

Vaters Geschwister Onkel Wastl und Tante Vroni (Veronika Fitz, inzwischen bekannt in ihrer TV-Rolle als »Die Hausmeisterin«), Tante Helga, Cousin Michael Fitz (heute ein gefragter Serienschauspieler und Rocksänger) gehen ein und aus, geben sich gegenseitig die Klinke in die Hand, treffen dort alle möglichen Theaterleute. Und im Garten tummeln sich ständig irgendwelche Schauspielschüler.

»Das Schöne war, daß ich meinen Berufswunsch innerhalb meiner Familie nie behaupten oder gar verteidigen mußte. Alle fanden das ganz selbstverständlich, daß es mich zur Bühne zog. Und niemand hat mich unterdrückt. Ganz im Gegenteil. Ich wurde sogar zum Durchhalten motiviert, als ich zwischenzeitlich wieder mal eine andere Idee im Kopf hatte und Heilpraktikerin werden wollte. Dafür bin ich heute noch dankbar.«

Lisas Mutter: »Für mich war und ist es immer wichtig, daß die Lisa nach der goldenen Regel handelt, egal was sie macht.« Goldene Regel? »Was du nicht willst, das man dir tu, das füg auch keinem andern zu. Das gilt besonders im Showgeschäft. Denn alles rächt sich eines Tages. Und Gottes Mühlen mahlen langsam!« Hat sie denn das Gefühl, daß ihre Tochter Lisa nicht immer nach dieser goldenen Regel lebt? »Ja, manchmal schon.«

Für sie war es selbstverständlich, daß es Lisa zur Bühne zog: die Eltern Molly Fitz (Foto von 1993) und Walter Fitz (hier mit seinem Enkelsohn Nepomuk 1992).

Aber im großen und ganzen findet die Mutter, daß ihre Tochter recht gut geraten ist. Richtig rührend erzählt sie die Geschichte von den »zehntausend, hunderttausend oder Millionen Mark«, die Lisa als kleiner Knirps unbedingt haben will: »Sie wußte damals gar nicht, wieviel Geld das ist, und sie hat sich mit der Summe auch immer wieder vertan. Sie wußte nur, daß sie dieses Geld unbedingt haben will. Nicht für sich, sondern für die armen Negerkinder.« Sie weiß ganz genau, daß Lisa das ernst gemeint hat. Drum ärgert sie sich auch über so einen blöden Kritiker, der ihrer Tochter Zynismus unterstellt, als sie das Thema in einem Song behandelt. »Sie sang da über kleine Schlitzaugen, die unbedingt Geld brauchen, vielleicht hat das besser in den Text gepaßt als Negerkinder, aber zynisch war das auf keinen Fall gemeint. Dieser Kritiker hat keine Ahnung gehabt!«

Über alles, was im Haus geschieht, wacht Hans Fitz, der Patri-

»Begründer« der Künstlerdynastie: die Großeltern Ilse und Hans Fitz

arch, Lisas Großvater. Vor allem er ist es, der Lisas Berufswunsch begründet, in ihr den Hang zur Bühne weckt. Aber auch ihr Vater spielt eine wichtige Rolle: »Von ihm habe ich eine realistische Einstellung zum Beruf vermittelt bekommen. Habe gelernt, daß vieles in unserer Branche solides Handwerk ist und kein Höhenflug. Außerdem hat er mich an Politik und Philosophie herangeführt. Doch es gibt auch Sachen, die ich ihm bis heute übelnehme. Daß er zum Beispiel meiner Mutter das Gefühl gegeben hat, daß Frauen ab 40 auf der Bühne nichts mehr zu suchen hätten. Und einmal, als meine Tante Vroni einen um Jahre jüngeren Freund hatte, meinte er ganz altklug, daß sich dieses Problem bald von selbst lösen würde. Einfach unverschämt und frauenverachtend, so eine Haltung!«

Lisas Vater stirbt 1992 einen Tod, wie ihn sich alle gestandenen bayerischen Männer wünschen: einfach mitten im Leben umfallen, ohne langes Leiden. Schlaganfall.

Die Nachricht vom Tod ihres Vaters springt Lisa aus dem Anrufbeantworter an. Noch völlig benommen, läßt sie sich zur Mutter chauffieren. »Die Wohnungstür ging auf, und es war die Abwesenheit meines Vaters, diese Leere, diese Lücke, die er hinterlassen hat, die mich fertiggemacht hat. Einfach gespenstisch, diese Situation. Er war ja immer so präsent, so voll da.«

Nein, so richtig zum Trauern ist sie bis heute nicht gekommen. Zuerst muß sie ihre Mutter auffangen und stützen, über lange Zeit hinweg, und dann ist es der Alltag, der sie einholt und vom Trauern abhält.

4.

Kunst kommt von Können

Ui, schaug, de Leit!
De san alle so gscheit.
De wissen, wie's geht,
Nur i – bin bläd!

Da redens über Politik
und übern nächsten Krieg
und wie's am Mond droben steht ...
I woaß nix – i bin bläd!

Beim Sex, hams mich belehrt,
da mach i ois verkehrt,
weil des jetzt anders geht.
Ja mei – i bin halt bläd!

Manchmal muaß i woana,
weil so bläd wie i is koana.
Wo kimmt denn des bloß her?
Alle wissens mehr!

Manchmal mecht i aa was sagn,
manchmal mecht i aa was fragn,
i glaub, i geh jetzt fort,
i kimm ja nie zu Wort!

De oana sagn des,
drauf werdn die andern bees,
wer recht hat, woaß i ned,
Und überhaupts – i bin ja bläd!

Auf oamoi werdns na wuid
und sagn, i bin schuid!
Da sag i: Des stimmt net,
Weil i – i bin ja bläd!

Manchmal frag i mi,
warum grad oiwei i?
I hob jetzt langsam gnua,
i woaß scho, was i tua:

An Verein für Blede gründn,
die müaßat ma ja findn –
wo a jeder mi versteht,
Na fallt's net auf –
i bin halt bläd!

Als Lisa Fitz 1972 die Single »I bin bläd« veröffentlicht, begreifen die wenigsten die Doppelbödigkeit ihres Textes. Mag sein, daß es am Dirndl-Outfit liegt, das vom Inhalt ablenkt. Es kann aber auch sein, daß diese Art, eine Rolle anzunehmen, voll in der Ichform zu präsentieren, noch nicht so bekannt ist. Ja mei, da ist halt eine Blöde, und die gibt es auch noch zu. Irgendwas spukt da eventuell noch rum im Unterbewußtsein des Publikums, ob sie vielleicht nicht doch was ganz anderes gemeint haben könnte, die Fitz, aber höchstens ein paar Augenblicke lang. Bloß nicht allzusehr anstrengen, schließlich ist Unterhaltungsmusik ja zum Unterhalten da.

Den in der letzten Strophe zitierten »Verein für Blede« gründen dann letztlich andere. Unter anderem auch »Blöde« wie Alice Schwarzer, die sich in den Anfangsjahren ihrer Aktivität ständig mit dem Phänomen der Gleichung »Frau sein ist gleich dem Mann an Intelligenz unterlegen zu sein« rumschlagen muß. Und mit Geschlechtsgenossinnen, die sich nach einem ersten Aufbegehren schließlich resigniert dieser Gleichung unterwerfen. Lisa Fitz aber geht mit ihrem Song erst mal für die progressive Szene verloren. Weil erstens die Musik zu gefällig klingt, nicht nach Beat und Rock. Und weil sie zweitens die Leute erreichen will, die es nötig haben. Nicht die, die ohnehin schon alles wissen.

Das Hineinschlüpfen in eine Rolle, das Präsentieren einer vielleicht auch zum eigenen Ego konträren Figur, hat schon viele Künstler verunsichert. Nicht beim Erarbeiten eines Textes oder des Liedes, sondern durch die Reaktionen der Öffentlichkeit. Ist es vielleicht eine deutsche Krankheit oder Mangelerscheinung, nicht zwischen gespielter Kunstrolle und Realität unterscheiden zu können? Kein Mensch käme auf die Idee, den Beatles-Impresario John Lennon nach seinem Song »I'm The Walrus« seinem Wesen nach dem Tierreich zuzuordnen; und niemand sucht das Gesangsduo Simon & Garfunkel als Eintragung auf der Landkarte, nur weil es »I am a Rock, I am an Island« trällert.

Erst wenn die Kunst ganz nah an der Abbildung der Wirklichkeit dran ist, die Kunst des Textes und die Kunst des Vortrags auch noch perfekt sind, dann wird es problematisch. Übrigens doch nicht nur hierzulande. So hat US-Schauspieler Larry Hagman, seines Zeichens J. R., der Fiesling aus der Soap-opera »Dallas«, oft große Probleme mit seinem Publikum bekommen: »Das schlimmste war, als in einem First-Class-Restaurant eine Lady auf mich zukam und mir vor allen Leuten eine gescheuert hat. Weil ich immer so fies zu Sue Ellen bin.«

Auch der Kabarettist Gerhard Polt vom bayerischen Schliersee ist ein gebranntes Kind. Sein Image als Blödel-Bayer (»Kabarett hin oder her, irgendwie wird er schon auch sich selbst spielen ...«) mag er ja noch hinnehmen, aber was zu weit geht, geht zu weit. Eine Zeitlang spielt er einen ehemaligen KZ-Wachposten. »Wissen Sie, was damals den armen Juden passiert ist, das ist schon arg. Wir haben das ja gar nicht so richtig gewußt. Wir haben das alles ja viel später erfahren. Aber heute muß man auch mal darüber reden können, daß auch wir es nicht leicht hatten. Auf meinem Wachtturm im Lager Dachau zum Beispiel war's immer irrsinnig zugig. Ich hab' heut noch einen Ischias davon ...« Nach der Vorstellung kommen dann Leute zu Polt, gratulieren ihm zu seinem Vortrag; ältere Herren, die froh sind, »daß einer mal den Mut hat, das alles zu sagen«. Ältere Herren mit Ischias und anderen Krankheiten. Polt kapituliert vor soviel Irrsinn und nimmt die Nummer aus dem Programm.

Lisa Fitz aber besteht weiterhin darauf, daß es eine Unterscheidung zwischen einer auf der Bühne gespielten Rolle und der eigenen Persönlichkeit geben darf und muß. Und daß man dem Publikum zumuten muß und darf, den Unterschied zwischen der Rolle und dem Künstler zu erkennen. »Aber in diesem Punkt habe ich sogar innerhalb meiner eigenen Familie Schwierigkeiten.«

Die Lust am Rollenspiel und die Kunst an sich – beides fällt nicht vom Himmel. Im besten Fall die Inspiration dazu, der Initialfunke. Aber das war's dann auch. So das Statement von Lisa Fitz.

Schon auf der Schauspielschule deutet sich für Lisa das an, was sie bereits bei der Zusammenarbeit mit ihrem Vater geahnt, im Kreativprozeß mit ihrem Mann, dem Rockmusiker Ali Khan, perfektioniert hat und was heute für sie immer noch ein Credo ist: »Man kann sich nicht nur hinsetzen und auf Eingebungen warten, vielleicht sogar auf den Musenkuß, sondern man muß auch hart arbeiten, immer wieder. Und üben, üben, üben. Dabei von Mal zu Mal besser werden! Alles andere ist Unsinn. Auch wenn gewisse Kollegen behaupten, um Kunst zu machen, muß das Umfeld passen, das positive oder auch das negative, die Stimmung muß stimmen, und was weiß ich. Solche Aussagen laufen bei mir unter der Rubrik ›Eitles Geschwätz‹. Kunst kommt von Können. Und können muß man immer!«

Besonders und gerade bei Fremdrollen – selbst erfundene oder vom Manuskript vorgegebene – hat ja schließlich der Regisseur das letzte Wort. Der Regisseur innerhalb des Theaters oder der Regisseur im Kopf. Eine Instanz, die entscheidet, was nun gut ist und was nicht. Übung macht die Meisterin. Lisa Fitz spielt unter anderem in den Filmen »Der Neger Erwin« von Achternbusch und »Das Nest« von Kroetz, 1983 bis '85 in »Nicht Fisch, nicht Fleisch«, ebenfalls von Kroetz und auch unter seiner Regie an den Münchner Kammerspielen, im »Sommernachtstraum« von Shakespeare die Rolle der Titania, in Arthur Millers »Hexenjagd« die der Frau Proctor. So weit, so solide, so klassisch. Zumal die Zusammenarbeit und die private Beziehung mit Kroetz, dem späteren »Baby Schimmerlos« in der erfolgreichen TV-Serie »Kir Royal«, Lisa Fitz sehr prägt, auch menschlich.

Die Beziehung der beiden, zumindest die private, bricht schon nach ein paar Monaten jäh ab. Weil sie 80 km voneinander entfernt wohnen und weil Lisa es leid wird, immer wieder diese weite Strecke zu fahren. Worauf Franz Xaver Kroetz zu dem Schluß kommt: »Wenn schon die paar Kilometer zu weit sind, dann fehlt's doch hinten und vorne.«

Doch bevor es soweit kommt, sprechen sie sogar übers Heiraten. »Ach Lisa«, meint Kroetz, »dazu sind wir doch beide nicht spießig genug.« Sind sie doch, allerdings erst ein paar Jahre später und auf getrennten Wegen. Lisa heiratet ihren Ali; Franz Xaver Kroetz seine Therese, die Tochter von Maria Schell.

Der gemeinsamen Arbeit tut das keinen Abbruch. Denn die Fitz ist für Kroetz eine der wenigen Schauspielerinnen, die so richtig geradeaus sind, auch und besonders auf der Bühne. Daran

*Lisa als die Magd Zenzi im Fernsehspiel »Der Wittiber« (1974),
einem bäuerlichen Drama von Ludwig Thoma*

ändern auch kleine private Reibereien nichts. »Einmal war er zwei Tage lang stocksauer auf mich«, erinnert sich Lisa Fitz, »weil ich ihm eine Kopfnuß gegeben habe. Es ging um Ali – wir waren frisch verheiratet –, und Kroetz meinte, ich hätte einen Dressurkomplex. Irgendwie in dem Sinne, daß ich mir herrenlose Köter von der Straße schnappen würde, um sie zum Schoßhündchen mit rosa Schleifchen zu machen. Logisch: Diese Kopfnuß hatte er sich redlich verdient.«

Die künstlerische Richtung zeichnet sich für Lisa bald ab: Fremdrollen ja, aber immer mehr die Ausformulierung eigener Gedanken für die Bühne, fürs Kabarett und in Rocksongs. Und die Titel ihrer Programme zeigen deutlich auch die Lebensabschnittsphasen, die Lisa gerade durchläuft. Ihre »Heilige Hur'« entsteht 1983 als Resultat ihres weiblichen Befreiungskampfes, bestimmt nicht nur zur Freude aller Machos, die sich zu Hause das Heimchen am Herd und die raffinierte Hure im Bett in Personalunion wünschen. »Geld Macht Geil« basiert dann 1989 auf einer intensiven Beschäftigung mit den Phänomenen Geld und Macht. Und wenn sich dann die Fitz 1996 in »Kruzifix« mit Gott und der Kirche anlegt, so darf der Beobachter davon ausgehen, daß auch dieser Kampf in ihrem realen Leben stattfindet. Der künstlerische Prozeß und das richtige Leben sind dabei demselben Grundsatz untergeordnet: Imaginiere und ordne an. »Das ist ein Satz, der sich nach der Zahlenlehre aus meinem Geburtsdatum errechnen läßt.« Und trau dich dann auch wieder, einen Bruch herbeizuführen, wenn er notwendig und wichtig ist. Bühne und Alltag gehen diesbezüglich für Lisa Fitz Hand in Hand.

»Aber hier kommen wir zu einem Punkt, bei dem ich die Stacheln ausfahre: Es ist nämlich nicht so, daß ich mich mit meinen Programmen oder Büchern selbst therapiere, Nabelschau betreibe. Das unterstellen mir nämlich hin und wieder oberflächliche Kritiker. Es ist vielmehr so, daß ich das, was in meinem Leben gerade passiert, aufgreife, reflektiere und dann in eine neue Form gieße, zu Kunst mache. Das macht doch jeder kreative Künstler so. Soweit erst mal der Schaffensprozeß. Die Qualität sollen dann andere beurteilen.«

Und das tun sie dann auch. Nicht immer zur Freude der Künstlerin. So schreibt Karl Forster am 15. Juli 1989 in der *Süddeutschen Zeitung* über das Programm »Geld Macht Geil«:

»Man hätte viel anfangen können mit diesem Abend. Fernsehen, in den Biergarten gehen, dem Trend zum Zweitbuch nachgeben, Briefe schreiben. Aber nein. Es lockte Lisa Fitz. Und zwar in den Schlachthof. »Geld macht geil« heißt ihr neues Programm (Stimmt nicht. Es heißt »Geld Macht Geil«, Anmerkung des Verfassers). Das hätte genauso zündend, entlarvend, bös und witzig werden können wie ›Ladyboss‹ und ›Die Heilige Hur'‹. Doch schon vor der Pause nahm die Sehnsucht nach Fernsehen, Biergarten, Buch und Briefschreiben ganz vehement zu ... «

Dieser Tenor zieht sich durch die gesamte Kritik, stellenweise mit kaum zu verhehlender Lust am Zerstören. Da wird, laut Kritiker, innerhalb des neuen Programms »ein mühsam zusammengestopselter, mit mehr als zweifelhaften Witzchen über Hitler und Geschlechtsverkehr garnierter Selbstverwirklichungscocktail mit Kunststoffkirsche und Billigzuckerrand serviert«, die Fitz als »Meisterin der Geschmacklosigkeit und des billigen Brutalo-Gags« bezeichnet und abgeschlossen mit der giftigen Bemerkung: »Das hat das Publikum, das hat das Kabarett nicht verdient.« Peng, das sitzt.

»An dieser sogenannten Kritik habe ich lange geknabbert«, erinnert sich Lisa Fitz. »Ich verstehe einfach nicht, wo viele Kulturberichterstatter die Lust an der Demontage hernehmen. Habe ich diesem Schreiber was getan? Kann er nicht ganz normal formulieren, was seiner Meinung nach gut und was schlecht war? Muß er sich mit Bösartigkeit und bitterem Spott profilieren, hat er das wirklich nötig? Oder geht's hier um Machtausüben? Keine Ahnung.«

In der Tat haben es gerade einheimische Künstler in München verdammt schwer, das Wohlwollen der Kritikerzunft zu gewinnen. Daß der Prophet im eigenen Lande nicht besonders viel gilt, ist natürlich ein Problem, das nicht nur an der Isar zutage tritt. Aber die Vehemenz, mit der lokale Kunstschaffende in der bayerischen Hauptstadt regelmäßig niedergemacht werden, ist schon einzigartig. Davon können auch andere Künstler ein trauriges Lied singen, nicht nur Lisa Fitz. Es sind übrigens dieselben Journalisten, die bei anderer Gelegenheit lauthals darüber wehklagen, daß aus München keine Kunst kommt, daß kulturell nichts los ist in der Landeshauptstadt, daß alles ganz schrecklich ist und trostlos. Wie törichte Jäger sitzen sie unter einer Galerie von präparierten Trophäengeweihen auf ihrem Sofa und wollen dafür bedauert werden, daß es in ihrem Wald kein Wild mehr gibt.

Doch böse Verrisse bleiben die Ausnahme. Und schmeichelhafte Etiketts für Lisa Fitz gibt es genug. »Suchen Sie sich eins aus, wir haben alles da«, bietet die Kabarettistin in ihrem selbstgestrickten Info an, »Kultfigur, weiblicher Macho, Übereinstimmung von Gehalt und Gestalt, Charme und Schärfe, sexy Rocklady, Multitalent, frech und attraktiv ...«

Dennoch im selben Info-Blatt der Künstlerin die bissige und auch leicht beleidigte Retourkutsche, gewidmet allen Klugscheißern und Besserwissern: »Warum wird nur so viel verbalonaniert von den Dampfplauderern? Glauben sie, sich ihre Daseinsberechtigung stets laut ersprechen zu müssen?«

Da Lisa Fitz bestimmt auch noch in Zukunft damit zu tun haben wird, eventuellen Klugscheißern den Unterschied zwischen Kunst, Können, Rolle und Ego erklären zu müssen, darf man sich auf weitere heftige Verbalgefechte freuen. Lisa nimmt's gelassen: »Auseinandersetzungen sind immer kreativ.«

5.

Lack und Leder

Ich bin die Frau in Leder
und ein bißchen streng;
tolerant is a jeder,
ich seh alles eng!
Ich bin die Frau in Leder
und nicht sehr zart,
zart sein kann a jeder,
ich bin hart.

Mein Mann kriegt das zu spüren,
ich bin mit ihm sehr streng;
Tabus, die sonstwo gelten,
die sehn wir nicht so eng.
Mein Gatte ist nur glücklich,
wenn er folgen darf,
und Bestrafung, ungerechte,
macht ihn wirklich scharf!

Domina – Domina – Domina vobiscum,
Herr im Himmel, steh uns bei!

Alle die, bei denen Mutti
dominiert hat, lieben mich;
Kindheitsängsten ausgeliefert,
geben sie ihren Trieben sich.
Eingenistet in die Träume

als verborgener Trieb,
lebenslänglich bei den Söhnen –
Mami hat dich lieb!

Mein Mann bringt mir das Frühstück,
macht die Betten und spült ab,
putzt das Haus und wäscht die Wäsche,
die Freizeit ist sehr knapp.
An Geburtstag und an Feiertagen
darf er fernsehschaun,
und ab und zu schenk' ich ihm Bildchen
von dicken, nackten Frauen.

Einmalig nur, an Weihnachten,
nicht, ohne mich zu fragen,
darf er bei unsern Liebesspielen
»Mami« zu mir sagen.
Ich bin die Ernährerin,
die Herrscher- und Gebärerin,
ich habe immer recht,
ich bin das starke Geschlecht!

Meine Söhne werden ducken,
tun, was ich befehl,
und sie werden mich nie verlassen
weil ich sie so quäl.
Wer die strenge Mutter kennt,
kann sie nicht mehr missen,
sie hat sich lustvoll grausam
in sein Kinderherz gebissen!

Ich bin die Frau in Leder
und ein bißchen streng;

tolerant is a jeder,
ich seh alles eng!
Ich bin die Frau in Leder
und nicht sehr zart,
zart sein kann a jeder,
ich bin hart!

Wenn Lisa Fitz mit so einem Text auf die Bühne geht, sorgt das im Herbst 1988 noch für einen ganz schönen Tumult, besonders in ländlichen Gebieten. So notiert die Chronistin Birgit Goormann (*Freisinger Neueste Nachrichten*) in ihrer Kritik nach einem Blick ins Publikum Ungewöhnliches: »Anfangs gaben sich die Herren der Schöpfung noch mutig und quittierten die markigen Ladyboss-Sprüche über die Moral der Männer mit lauten Buh-Rufen, doch das gab sich bald wieder. Bereits nach einer Viertelstunde hatte Lisa Fitz diese Anwandlung von Courage in der Luft zerfetzt und das Selbstbewußtsein der männlichen Zuhörer in Grund und Boden gestampft. Da nahm es dann auch nicht wunder, als einige der männlichen Zuschauer, unter ihnen auch der Bürgermeister, nach der Pause die Flucht ergriffen ...«

»Ja, Lisa Fitz *ist* die Frau in Leder«, behauptet ihr selbstverfaßter Pressetext, »und die ihr ausgelieferten Männer haben alle Striemen auf der Seele.« Und dieser Text über die Frau in Leder sei nur entstanden, »damit das Gemunkel und Spekulieren über die wahren Verhältnisse im Hause Fitz nicht so haltlos herumwabern müssen.«

Gemunkelt und spekuliert wird natürlich, und nicht zu knapp. Daß der Text doppelbödig ist, daß er sowohl vordergründig schwache Männer als Muttersöhnchen entlarvt als auch auf den ersten Blick liebende Mütter als herrschsüchtige Monster, das geht ganz schnell den Bach runter. Übrig bleiben die Schlagwörter »Frau«, »Leder«, »Domina«. Impliziert werden Sado-Maso-Sex, Verruchtheit. Und da Lisa Fitz, übrigens passionierte Motorradfahrerin, nicht nur auf der Bühne gern in Lack und Leder rumläuft, hat sie ihr Image schon weg. Dazu noch ein paar eindeutige Statements zum Thema Sex, und das Bild ist rund. »Aber natürlich ist das zum großen Teil nur eine Rolle, die ich da spiele, das ist doch klar!« Nun ja, lassen wir diese Relativierung mal so stehen.

Mona Freiberg, ihre Expartnerin aus Jugendtagen, vermutet in diesem Auftreten ihrer Freundin auch eine gewisse Medientüchtigkeit. Ansonsten meint sie, daß man »dieses Ausstellen von Sex und Macht nur unter künstlerischen Aspekten« sehen kann. Außerdem: »Ich glaube, daß diese Ladyboss-Rolle einfach zu ihrer menschlichen Entwicklung gehört, zu ihrer Grundhaltung zwischen den Polen Rebellion und Image. 50 Prozent an dieser Rolle sind aber meiner Meinung nach reine Show.« Und dann muß ein Horoskop aus Jugendtagen herhalten, in dem Lisa prophezeit wurde, daß sie ein sehr unruhiges Leben führen wird, bis sie so Ende 40, Anfang 50 ist.

Lisa selbst aber kann nur schmunzeln, wenn sie an dieses Horoskop denkt: »Ach ja, Horoskope. Wir wissen ja, was wir davon zu halten haben. Außerdem ist es bestimmt kein erstrebenswertes Ziel, jemals zur sogenannten Ruhe zu kommen. Das wäre das Ende für mich als Mensch, als Frau und als Künstlerin. Wer nicht ständig in Bewegung bleibt, unruhig ist, der stirbt.«

Lisa unterstellt ihrer Freundin Mona außerdem, daß sie mit dem »Zur-Ruhe-Kommen« auch so was wie »endlich den richtigen Mann finden« verbindet. Aber sollte es diesen Mann wirklich eines Tages geben, dann müßte er erst mal an dieser Mauer aus Lack und Leder vorbeikommen. Oder ist dieses Outfit gar keine Mauer? Wie gesagt: Es darf spekuliert werden. Und Lisa Fitz liebt es, zu diesem Thema auch ein paar Ungereimtheiten stehenzulassen. Sie geht davon aus, daß zu jedem Kunstschaffenden auch eine gewisse Portion Mythos gehört, die gehegt und gepflegt werden will.

Ladyboss Lisa Fitz ist passionierte Motorradfahrerin.

Aber natürlich weiß sie schon lange, daß dieser Lack & Leder-Rolle viel zu viel Aufmerksamkeit geschenkt wurde und wird: »Da habe ich jetzt anscheinend irgendeinen Nerv der Verruchtheit getroffen, den jeder mal gerne spüren würde. Oder bekämpfen möchte, in anderen oder in sich selbst, oder wie auch immer. Auf der Bühne schlüpfe ich in zahllose Rollen, vom Powerweib bis zur Klofrau. Es ist interessant, daß ich ausgerechnet an der Domina-Rolle festgemacht werden soll. Dabei ist sie ganz harmlos entstanden, wie alle anderen auch: Ich komme halt aus einer Schauspielerfamilie. Und die Lust am Rollenspiel, allein schon am Verkleiden an sich, die liegt mir im Blut.«

»Ach ja, Lack und Leder«, seufzt Mama Molly Fitz, »das ist doch heute nichts Besonderes mehr, das ziehen doch alle an. Man muß doch nur mal nach Amerika schauen, da ist diese Kluft direkt an der Tagesordnung. Und wenn's der Lisa gefällt, ein bißchen Domina zu spielen, wenn sie ihren Spaß daran hat – mein Gott, was soll ich denn schon dagegen haben? Meine Tochter ist über 40, die wird schon wissen, was sie tut. Soll ich ihr da reinreden? Wirklich nicht!« Molly Fitz hat sich arrangiert. Aber ob sie das Spiel mit der Maske auch verstanden hat?

Und im Zusammenhang mit dem erotisch angehauchten Image ihrer Tochter fällt der Mama gleich noch eine Schmonzette aus der Kindheit ein: »Die Lisa war 15 oder so, da hat sie ein wunderschönes erotisches Gedicht fabriziert. Da ging es um weiße Lilienschenkel und sanfte Wölbungen und was weiß ich noch alles. Auf jeden Fall kursierte dieses Gedicht in mehrfacher Ausfertigung an ihrer Schule. Ich hab ihr noch gesagt, daß sie es besser nicht mehr mit in die Schule nehmen soll, so schön es auch sein mag, weil sie bestimmt Schwierigkeiten damit kriegt. Und so war's dann auch. Ausgerechnet der evangelische Pfarrer bekam dieses Frühwerk in die Hände, und ich wurde wieder mal in die Schule zitiert. Ich hab den Pfarrer dann gefragt, was er gegen Erotik hat. Nichts, hat er gesagt, aber an der Schule hat dieses Thema keinen Platz. Ich glaube, die waren damals alle böse, daß ich nicht in Ohnmacht gefallen bin.« Das war vor 30 Jahren. Lisa Fitz und die Erotik standen also schon damals öffentlich in Verbindung.

Lisas Cousine, Ariela Baumann, die Tochter der Schauspielerin Veronika Fitz, erinnert sich an eine bezeichnende Geschichte im Zusammenhang mit Lisas Image: »Ich glaub', es war vor fünf oder sechs Jahren, da hat die Lisa eine Wohnung in München gesucht, und ich hab halt mal in dieser Sache bei meiner Vermieterin nachgefragt. Die ist immerhin auch aus der Szene. Aber sie hat gleich den Kopf geschüttelt. Mit dem Argument, daß alle Männer Angst vor Lisa hätten. Und daß alle Frauen sie als Rivalin empfinden würden.« Gegen welche Verordnungen des bürgerlichen Mietrechts Lisa Fitz damit hätte verstoßen können, sei dahingestellt.

Außerdem: typischer Fall von Mißverständnis. Oder von Unverständnis, von Unwissenheit sogar. Es stimmt nämlich nicht, daß Frauen per se die Fitz als Rivalin empfinden. Lisa Fitz weiß aus ihrer Post, daß viele Frauen sie als Fürsprecherin erkennen, als Sprachrohr. Und daß es nach dem Besuch ihrer Shows schon die tollsten Diskussionen zwischen Mann und Frau gegeben hat. Sinnvolle und fruchtbare Diskussionen. Der Imagestempel sagt halt doch mehr über den aus, der ihn verleiht, als über den, der ihn aufgedrückt bekommt.

Lack, Leder oder Larifari – für Insider stellt sich diese Frage schon lange nicht mehr. Kollege Konstantin Wecker hebt das Phänomen Lisa Fitz trotz Spielereien mit dem Image auf eine politische Ebene: »An ihr sollte sich die Frauenbewegung orientieren, denn Lisa bewegt, weil sie sich bewegen läßt und immer in Bewegung bleibt.« Und: »Aber am wichtigsten erscheint mir, daß Lisa im Grunde philosophisch denkt, und das bringt ihr manchmal natürlich Ärger ein von den nur in Schablonen Denkenden.«

6.

Der perverse Perser

In Ali sehen viele einen der meist unterschätzten Künstler Deutschlands. Auch Lisa Fitz, wenn sie über ihren Ex-Ehemann Ali Khan-Halmatoglu (Halmatoglu läßt er inzwischen weg) spricht: »Er schießt hin und wieder über das Ziel hinaus.« Wer nun letztlich innerhalb der Ehe der beiden über das Ziel hinausgeschossen ist, ist heute nicht mehr wichtig. »Wir konnten aus jeder Kleinigkeit eine riesengroße Diskussion machen, vom Einkaufen bis zum Abspülen. Und daran ist die Ehe kaputtgegangen.« Dazu Ali: »Wie alle Ehen. Oder etwa nicht?«

Die künstlerische Ehe der beiden besteht aber bis heute. Natürlich mit genauso vielen Reibereien vor, während und nach dem Auftritt. Und besonders auch dann, wenn es darum geht, etwas Neues in Angriff zu nehmen. Da fliegen die Fetzen, oft auch im wahrsten Sinne des Wortes.

Als sich die beiden 1980 kennenlernen, hat das Leben sowohl für Lisa als auch für Ali den Turbogang eingelegt. Alles geht in rasender Geschwindigkeit, jetzt oder nie. Kaum zwei Wochen zusammen, gehen sie zum Standesamt.

Sie lernen sich bei einer Party in Gräfelfing bei München kennen, zu der Ali mit seiner Band »Hydra« aufrockt. Schon Monate vorher liegt ihm ein Kumpel in den Ohren damit, daß er eine Frau kennt, die interessant ist. Und Künstlerin obendrein. Lisa Fitz eben. Aber Alis Freund spricht immer nur von einer »Lisa«, die es unbedingt zu beäugen gilt. Der Name Lisa Fitz ist Ali zwar ein Begriff, aber er bringt diesen Namen nicht mit der Bekannten seines Freundes in Verbindung.

Bis dann auf der erwähnten Party die Band eine Pause macht und Lisa vor Ali steht. Ein erstes Hallo, ein erstes Händeschütteln. »In diesem Moment«, so Ali, »schoß es mir wie ein Blitz durch den Kopf: Das ist endlich mal eine Frau, die mich aushalten kann.« So viel Kraft hat »diese Frau« ausgestrahlt.

Als er später mal diese Anekdote des ersten Kennenlernens in einer Fernseh-Talkshow erzählt, sorgt das Wort »aushalten« bei vielen Zuschauern für ein Mißverständnis. Ha, da haben wir's wieder mal, diese Ausländer! Suchen eine Frau, die sie aushält, die ihren Lebensunterhalt bezahlt. Alis Erklärung, daß er von »aushalten« im Sinne von »ertragen, tolerieren« spricht, kommt zu spät. Die Meinungen stehen bereits.

Zurück zur Party. In der nächsten Pause, die Ali mit seiner Rockband machen kann, kommt Lisa zu ihm, nimmt ihn an der Hand und führt ihn raus in den Garten. »Du, deine Musik gefällt mir gut. Aber da fehlt irgendwas.« Ali ist erst mal baff. Daß ihn eine Frau an der Hand führt, das kennt er noch nicht, der ewige Macho. Und daß sie dann auch noch so schnell zur Sache kommt, künstlerisch, in seine Materie eintaucht, das ist für ihn auch neu. Die beiden unterhalten sich die ganze Nacht lang, sprechen über Kunst, Musik, den Sinn des Lebens.

Tags drauf fährt Lisa für einen achttägigen Yoga-Urlaub in die Schweiz, den sie schon lange gebucht hatte. Ali zeigt sich trickreich. Er schickt ein Telegramm an den Urlaubsort seines neuen Schwarms: »Magst Du griechisches Essen zur Hochzeit?« Lisas Antwort kommt ebenfalls per Telegramm, kurz, knapp und deutlich: »Ja.«

Die Heirat geht dann auch von offizieller Seite deswegen so schnell über die Bühne, weil der Bürgermeister von Krailling seiner prominenten Bürgerin einmal versprochen hatte, daß sie, sollte es jemals soweit sein, auch ohne Abwarte- oder Aufgebotsfristen zum Ehebündnis kommen könnte.

Lisas Eltern und ihre Verwandtschaft haben Probleme mit der

Blitzhochzeit und bleiben der Feier fern. Obwohl es vorher einen Kennenlerntermin bei Lisas Eltern gegeben hatte und Vater Walter Fitz, so erinnert sich zumindest Ali, »zu mir überaus nett war«. Die Feier im Kreise von Alis Kumpels ist dennoch genau das, was man sich unter einer Hochzeit vorstellt: fröhlich, feucht und funky.

Ali Khan ist der Sohn aus der Verbindung der Tiroler Bergführerfamilie Pinggera (die Bergfex Luis Trenker in einem seiner Bücher als Lehrmeister bezeichnet) und der persischen Adelsfamilie Khan-Halmatoglu. Seine Mutter, Maria Rohm, lebt heute im Niederbayerischen. »Sie ist ein Goldstück«, da sind sich alle einig: Lisa, Ali, deren Sohn Nepomuk, bis hin zu Karin Winkhart, Alis neuer Lebensgefährtin. Die Rolle als Goldstück hat sie auch heute noch inne. Auch und gerade nach der Scheidung von Lisa und Ali. Nicht nur, weil sie für Nepomuk immer wieder, wenn Lisa und Ali auf Tournee sind, die Mutter ist. Sondern auch und besonders deshalb, weil sie so ist, wie sie ist: tolerant, warmherzig, liebenswert.

»Für mich«, so Ali, »war diese Heirat eine Sache für die Ewigkeit. Das kommt vielleicht aus einem vererbten Traditionsbewußtsein. Die Familie ist alles, darüber darf nichts kommen. Einem Bewußtsein, daß auch so Sachen wie einen Generationenvertrag einschließt: Die Jungen sorgen für die Alten; die Alten helfen den Jungen mit ihrer Erfahrung, mit ihrer Weisheit. So, mit diesem Bewußtseinsstand, bin ich in die Ehe hineingegangen.«

Gar nicht so weit entfernt vom Anspruch der frischgebackenen Ehefrau Lisa Fitz: »Man heiratet ja nicht für sich, sondern gegen die anderen. Als Zeichen, als Symbol. Ich wollte deshalb heiraten, um klarzumachen, daß der Ali für mich mehr ist als nur irgendein neuer Lover.«

»Wir fuhren irgendwo durchs Land, ich weiß nicht mehr genau, wo und wann es war, und das Thema Heirat war schon entschieden. Da hat mich die Lisa gebeten, daß ich anhalten soll.

Lisa Fitz und Ali Khan-Halmatoglu brauchen nur zwei Wochen, bis sie zum Standesamt gehen: Hochzeit am 23. August 1980.

Weil sie allein sein will. Und sie setzt sich auf eine Wiese am Straßenrand. Sie denkt nach. Und nach einiger Zeit frage ich sie, was sie da eigentlich tut. Und sie sagt ›Jetzt sterbe ich gerade.‹ Ich hab das so gedeutet, daß sie in diesem Moment mit ihrer Vergangenheit abgeschlossen hat. Und bereit ist, was Neues zu wagen.« Ali kann sich an diese Szene noch haargenau erinnern.

Ali, der nun mal so heißt, wie er heißt, ist alles in allem ein typischer Bayer. Schon von der Sprache her. Das persische blaue Blut kann den Bayern in ihm nicht im geringsten übertünchen. Und soll es auch nicht. »Das einzige Wort, das ich auf persisch draufhabe, ist Salam aleikum.«

Trotzdem bekommt gerade er den Ausländerhaß der Deutschen zu spüren. Weil er im Rampenlicht steht; weil er so einen exotisch klingenden Namen trägt. Nach seiner Hochzeit mit Lisa quillt der Briefkasten über vor ausländerfeindlichen Schmähschriften. Und auch der Anrufbeantworter kann sich vor rechtsradikalen Sprüchen kaum mehr retten. Lisa und Ali, nicht faul, verarbeiten den braunen Schlamm zu einem Lied, verwenden dabei sogar Originalzitate der Ausländerfeinde.

Mein Mann ist Perser

Ich habe vor kurzem geheiratet.
Mein Mann ist Perser,
mit einer bayerischen Mutter,
ein bayerischer Perser aus Pasing.
Nicht nur die Freunde haben mir
zur Hochzeit gratuliert,
sondern auch wildfremde Menschen ...

Die Typen aus dem Morgenland
bescheißen uns, das ist bekannt,
und es werden immer mehr!

Solche muß man überwachen,
weil 's illegale Sachen machen.
Polizei muß her!

Mit Mißtrauen hat des nix zum tun, aaaber ...
bei die Perser muß man halt a bissl vorsichtiger
sein, gell ... man weiß ja net.
Der will dann nur aushalten und tät sie nur ausnehmen.
Man hat ja eigentlich nichts gegen ihn,
aber, also ehrlich, a bissl anders sinds schon,
schon von der Mentalität her, wissens.
So ist er ja ganz nett, gell, aaaber ...
für des Madl hätt ma sich halt schon was anders vorgstellt
– mehr Format –
net so an Kanakencharakter!

Mein Mann ist Perser,
ein ganz perverser,
Teppichhändler, Fraunvernascher,
Fixer, Wichser, Dealer, Hascher,
chauvinistisch, drogensüchtig,
schreiben kann er auch nicht richtig,
arbeitsscheu und schwul
und schlägt mich täglich mit dem Stuhl. Jawuhl!

Alle meinens, daß ich spinne,
und mein Trieb hätt' sich verirrt!
Dabei ist das Leben herrlich,
wenn man so verdroschen wird.
Wenn die Männer schlagen wollen,
laßt sie eben schlagen.
Gegen ein paar g'sunde Watschen
ist doch wirklich nix zu sagen.

Maso, maso, ma soll machen, was ma will,
maso, maso, ma soll machen, was ma will.

Mein Mann ist Perser,
ein ganz perverser,
Kümmeltürke, Knoblauchfresser,
in der Tasch' a offnes Messer,
dauernd geil auf deutsche Weiber,
wie alle die Kameletreiber,
dreckat sans und faul,
kein Hirn und großes Maul.

Alle rundherum
haltens mich für dumm.
Das klarste auf der Welt:
Der wollt' mich wegam Geld.
Mein Mann ist schlank und nett
und ein As im Bett.
Er hat mich nur gekriegt,
weil er mich so gut ...!

Ja, ja, unsere Ehe ist eine Lokomotive.
Ich hab' die Kohlen und er die Pfeife. Ha, ha, ha.

Mein Mann ist Perser,
ein ganz perverser.
Die Ahnen machten Menschenraub,
er Rockmusik und wird bald taub
und krank vielleicht – na, nicht verkehrt,
weil er sich dann hier nicht vermehrt,
vielleicht schon vorher stirbt
und nicht das deutsche Blut verdirbt!

Was, wenn die Fangemeinde wüßt',
daß meine Oma jüdisch ist?
Sie ist es nicht, sie ist, viel schlimmer,
a sudetendeutsches Frauenzimmer!
Die Mutter von meim Mann
ist bayrisch, also kann
man sagen, daß unser Kind
viel' Einflüsse gewinnt:

Tschechisch, persisch, ungarisch,
und Bayrisches fließt ein –
es wird ein nur aus Liebe,
es wird ein nur aus Liebe,
es wird ein nur aus Liebe
geborner Bastard sein!

Trotz als Bewältigung einer außergewöhnlichen Situation. Trotz in Form von Kunst. Jetzt erst recht – hier muß mein Stachel sitzen. Und wenn's auch wieder über den Unterleib gehen muß, indem man die geheimnisvollen und tiefsitzenden Instinkte der Leute anspricht.

Kunst, die oft mißverstanden wird. Und oft auch ausgerechnet wieder von Leuten, die eigentlich vom Ansatz her auf Lisas Seite stehen müßten. Es gibt sogar etliche Fans, die sich nicht entblöden, Lisa »Ausländerfeindlichkeit« vorzuwerfen. Gerade in bezug auf diesen Song. Ali aber schwärmt noch heute von dieser Platte: »Das war eine der Großtaten von Lisa. Da hat sie mir ihre Wut, ihre Gescheitheit und ihr Können so richtig gezeigt. Ich habe damals beschlossen, daß ich derjenige sein will, der ihr den Weg ebnet, ihr den Rücken freihält.« Auch um den Preis, das eigene Leben als Schlagzeuger, als Rockmusiker, als Künstler zurückzustellen? »Das habe ich in dieser Zeit noch nicht so realisiert. Die Situation war so, daß Lisas Karriere greifbarer war als meine eigene, irgendwie realistischer. Trotz aller Rockträume.«

Inzwischen hat Ali wieder seine eigene Rockband, steht aber nach wie vor hinter Lisa. Er betreibt zusammen mit seiner Lebensgefährtin Karin Winkhart »Das Musikbüro«, eine Allround-Firma in Sachen Booking, Produktion, Verleih von Tonanlagen und vielem mehr.

»Das Musikbüro« ist auch nach seiner Scheidung von Lisa für sie tätig; und Ali, wie gesagt, arbeitet ja auch noch immer mit ihr künstlerisch zusammen; seine Kreativ-Schatzkiste steht immer noch, immer wieder und immer mehr auch Lisa zur Verfügung. Karin nimmt das Ganze locker: »So was wie Eifersucht oder Rest-Eifersucht auf die Vergangenheit habe ich schon lange hinter mir.«

Mit Lisa und Ali treffen sich zwei Pole, die gleichgeschaltet sind und sich eigentlich abstoßen müßten. Ob sich Lisa und Ali dieses Phänomens bewußt sind? Wahrscheinlich schon. Denn selbst in Krisenzeiten läßt keiner ein schlechtes Wort über den anderen fallen.

Lisa beschreibt ihre Beziehung zu Ali sehr schön in einem Song anläßlich seines 40. Geburtstages. Einem Song, extra gedichtet für die Happy-Birthday-Party. Ein Auszug:

Liebe Wurschthaut, seit 14 Jahr
kenn ich Dich – und uns beiden ist klar,
daß keiner ohne den anderen das wär', was er is,
trotz allem Gehackel und allem Geschiß.

Einen Großteil von meinem bewußten Leben
hab ich Dir, Du mir Deines gegeben.
Wir haben unsere Kräfte gemischt,
Des is doch logisch, daß es da ganz schön zischt!

Wo Eltern versagten, da griffest Du an
und zeigtest mir: so handelt ein Mann.
So handelt ein Künstler, so handelt ein Freund,
so handelt ein Mensch. Nicht zuletzt, wie mir scheint.

Ali ist schon als Künstler tätig, bevor er Lisa kennenlernt. Er sitzt am Schlagzeug für diverse Größen der Szene, unter anderem für Juliane Werding oder auch Falco. Und natürlich für »Hydra«, seine eigene Band. Später dann kommt A.L.I. dazu, ein Rockprojekt mit Heavy-Metal-Touch, und jetzt versucht er gerade mit der Formation »Red« einen neuen Anlauf. Immer als Schlagzeuger, Sänger, Texter, Entertainer, Dreh- und Angelpunkt. Doch erst seit der Zeit mit Lisa Fitz bekommen seine Texte das I-Tüpfelchen. »Als wir anfingen zusammenzuarbeiten, da hab ich gemerkt, daß ich auf Worte stehe.«

Doch als hätte er noch nicht genug um die Ohren, stellt er 1995 ein Soloprogramm in Sachen Kabarett auf die Beine, »Bombenstimmung«. Der Begriff »Kabarett« ist für dieses Happening nicht unbedingt ausreichend. Denn Ali erklärt erst mal alle seine Zuschauer als Geiseln, bedroht sie, macht ihnen angst, wirft ihnen Kraftausdrücke um die Ohren. Und manchmal ist echt nicht mehr klar, ob hier ein einstudierter Ablauf passiert oder ob da wirklich einer durchdreht. Für manche zuviel des Guten – sie sind überfordert. In der *Hessischen Allgemeinen* vom 20. November 1995 heißt's: »In Alis Beiträgen mischt sich oft bayerische Derbheit mit der martialischen Aggressivität eines persischen Terroristen zu einer hochexplosiven Mischung.« Daß sich jeder im Saal nach dem guten alten Betroffenheitskabarett zurücksehnt, ist Absicht. Besonders dann, wenn Ali eine Gaspatrone zündet. Einmal hat diese »Gaspatrone« aufgrund eines technischen Fehlers viel zu viel Rauch für den relativ kleinen Veranstaltungsraum entwickelt, und Ali muß seine Geiseln 20 Minuten lang an die frische Luft entlassen. Freilassen. Die aber denken, das ist ein Gag. Zumal der Terrorist sie mit einem fröhlichen: »Das schärft die Sinne!« rausschickt. Aber er hat das Publikum ja vorgewarnt: »Das hier ist hart an der Grenze.«

Natürlich weiß der bayerische Perser, daß er in der Öffentlichkeit mit dem Stempel »der Ex von der Fitz« rumlaufen muß. Und auch darüber macht er seine Witzchen, plaudert scheinbar Intimes aus seiner Ehe mit Lisa aus, karikiert die Leute, die eben so was wissen wollen, und schließt mit der Weisheit: »Eine bayerische Emanze ist schlimmer als eine Fischvergiftung.« Was natürlich den einen oder anderen Chauvi im Publikum so richtig freut. Das teuflische Satirespiel hat wieder mal seine Opfer gefordert.

Auch dann, wenn Ali Verständnis für Skinheads ohne »Ausländerqualrecht« heuchelt, muß man so manchen Brocken schlukken.

In den gemeinsamen Programmen von Lisa und Ali gibt es ebenfalls immer wieder Stellen, an denen ungeübte Zuschauer ganz schön zu knabbern haben. »Eigentlich ist ja die Lisa mit mehr Diplomatie gesegnet als ich; und ich bestärke sie immer darin, ihre Wut und ihre Aggressionen rauszuschreiben, ins Programm zu nehmen. Ich bin ein guter Initiator und auch Katalysator – ich kann Leute dahin bringen, wo sie hin wollen. Und so sind alle unsere gemeinsamen Programme aus diesem Reibungsprozeß entstanden; und oft genug war's auch ein regelrechter Kampf.«

»Lisa Fitz und Ali – in der Ehe herrscht Eiszeit«, meldet die *Abendzeitung* am 2. Dezember 1989. In dem Artikel ist die Rede davon, daß die beiden sich erst mal örtlich trennen wollen und daß jeder für sich nachdenken will. Natürlich fehlt folgende Information auch nicht: »Erst kürzlich hatte die Fitz in einer TV-Talkshow die Gemüter erhitzt. Da hatte sie vor laufender Kamera Verhältnisse zu drei Männern bekannt. Zu einem 23jährigen Musiker, zu einem 31jährigen Bodybuilder und zu einem Sexualpädagogen aus Dortmund. Und daneben auch noch Ali. Der soll

Ali Khan steht auch nach der Scheidung hinter Lisa – und immer noch mit ihr zusammen auf der Bühne.

übrigens mit diesem ungewöhnlichen Zustand einverstanden gewesen sein.« Dazu ein Bild aus glücklichen Tagen, das Paar zusammen mit Sohn Nepomuk. Die Botschaft hinter der Botschaft: armer Ali, böse Lisa.

Dennoch erfreut sich Lisa nach wie vor großer Beliebtheit. »Manchmal kommen wildfremde Menschen zu mir«, erzählt Ali, »und schütteln mir mit leuchtenden Augen die Hand und freuen sich, daß sie endlich den Mann kennenlernen dürfen, der so lange mit der Lisa Fitz zusammen war. Als mir das das erste Mal passiert ist, hab ich geglaubt, ich träume.«

Ali hat viel von Lisa gelernt. Unter anderem ganz normale Spielregeln eines öffentlichen Lebens, die Lisa schon von ihrem Elternhaus her intus hatte. »Zum Beispiel, daß bei Schauspielern nur der Bühnenruf zählt. Du kannst auf einem verschissenen Klo rumliegen und lallen, aber wenn du am nächsten Tag wieder auf der Bühne stehst, gut bist und deinen Applaus bekommst, ist die Welt wieder in Ordnung. So was habe ich ja vorher überhaupt nicht gewußt.«

Daß die Ehe mit Lisa extrem anstrengend war, gibt Ali gern zu, »aber auch wahnsinnig schön«. Woran ist sie dann gescheitert? Wirklich, wie Lisa meint, am Kampf um die große Freiheit und an den Gefechten um den täglichen Kleinkram? »Sie ist doch gar nicht gescheitert. Wir sind halt bloß nicht mehr zusammen.«

7.

Konsequent nein sagen

Wann Lisa Fitz das erste Mal ganz laut »Nein!« geschrien hat, läßt sich heute nicht mehr so genau feststellen. Ihre Mutter weiß immerhin eines ganz genau: »Sie hat schon immer ihren eigenen Willen gehabt. Sie war von Kindesbeinen an ein richtiger Dickkopf. Aber das ist ja nichts Schlechtes.« Dickkopf? Ist es wirklich so simpel? Sicher nicht.

Denn mit dem Nein-Sagen schwingt immer auch jener Wagemut mit, der nach neuen Ufern sucht. Opposition betreiben um der Opposition willen, das war nie Lisas Sache. Immer steht ein neuer Ansatz hinter der Verweigerung; jedes Mal zeigt sich eine neue Richtung am Horizont, und wenn's auch nur eine ganz ungefähre ist. »Ich glaube inzwischen auch«, meint die Mama, »daß diese ganzen Kinderdummheiten wie Ladendiebstähle oder heimlich mit der Freundin Bier trinken statt in den Ballettunterricht gehen, daß diese Aktionen irgendwas mit Rebellion gegen die bürgerliche Welt zu tun hatten. Aber hinterher glaubt man immer, schlauer zu sein. Damals waren das für mich halt Jugendstreiche.«

Eine Frau sagt nein. Zur »Bayerischen Hitparade«, als sie damit richtig gut im Geschäft ist. Vorher schon zur Schule, weil sie wenig Spaß daran findet und die Dinge tun will, die ihr wichtiger sind. Zum bürgerlichen Leben, zeitweise zur Ehe, zum sogenannten sicheren Weg, zu lukrativen TV-Angeboten.

Wie war das doch gleich wieder mit dieser Geschichte mit Roberto Blanco, dem deutschen Vorzeigeneger? Eine Fernsehshow sollte entstehen, für vier Samstagabende im Jahr, für ein Millionenpublikum. »Melodien für zwei« oder so. Lisa und Roberto als schwarzweißes Moderatorenpärchen. Auf dem Sendeplatz von Rudi Carells »Am laufenden Band«.

Wir schreiben 1980, und Lisa Fitz kennt inzwischen das Fernsehgeschäft von allen Seiten. Eigentlich muß sie ja dankbar sein für das Angebot, für die große Ehre. Drum nimmt sie erst mal an. Und schickt kurz darauf ihren Rückzieher los: »Ich hab mir überlegt, was passiert, wenn ich allein heuer an vier Samstagabenden von mehreren Millionen Zuschauern gesehen werde. Da gehörst du der Katz'! Da kannst du in keiner Kneipe mehr unbehelligt dein Bier trinken.« Originalton Lisa, nachzulesen am 19. Juli 1980 in der Fernsehillustrierten *Gong*. Der wahre Grund für die Absage steht ebenfalls in dieser TV-Postille: »Ich habe nichts gegen Unterhaltung. Aber gegenüber der deutschen Fernsehunterhaltung empfinde ich ein Unbehagen. Außerdem habe ich keine Zeit für diese Sendung, ich schreibe nämlich an einem Buch mit dem Titel ›Ohne Schmrz kein Prz‹«, so die Fast-Comoderatorin von Roberto Blanco. Das Buch mit dem unaussprechlichen Titel suchen wir heute vergeblich im Verzeichnis lieferbarer Bücher.

Nachdem sich die gesamte Yellow Press genügend über die Arroganz der »semmelblonden Frohnatur« ausgelassen hat, darf Lisa endlich für einen kleinen Verlag Lieder und Texte schreiben, hauptsächlich zur eigenen Verwendung. Die Wogen glätten sich. Erst mal. Aber wieder bewahrheitet sich eine alte Regel des Showbiz: Man trifft sich immer zweimal.

Auch Lisa und Roberto treffen sich ein zweites Mal. Und Roberto Blanco gibt sich nachtragend, richtig aggressiv. So endet Hilde Heuers Talkshow im Münchner Hilton-Hotel im November 1982 mit einem Eklat: Lisa verläßt unter Protest das Diskussionspodium. Vorausgegangen ist ein Disput mit Roberto Blanco, ebenfalls Gast in dieser Runde: »Als du noch Volksmusik gemacht hast, warst du noch in den Hitparaden. Heute ist nichts mehr los mit dir!« Daraufhin Lisa, nicht faul: »Lieber singe ich in einer Kellerbar als in der Metropolitan Opera. Denn dann müßte ich anschließend fünf Valium fressen. Heute habe ich ein anderes Publikum als damals die Kaffeetanten.«

Doch das Faß kommt erst zum Überlaufen, als eine Dame aus dem Publikum der Fitz den Vorwurf der Geschmacklosigkeit macht. Schließlich hat Lisa in ihrem Song »Mein Mann ist Perser« alle anonymen Anrufe und Zuschriften zitiert, die sie nach ihrer Heirat mit Ali Khan bekommen hatte. Eine Platte, die wieder mal ein deutliches Nein war. Ein Nein gegen Fremdenfeindlichkeit und Rassismus. Und diese Frau da will über Geschmacksfragen diskutieren!

Lisa und ihr Mann stehen auf, verlassen die Talkrunde. Genug ist genug. Aber Lisa wäre nicht Lisa, wenn sie sich nicht das letzte Wort sichern würde: »Solche Töne wie die meinen kennen Sie vielleicht nicht aus Ihrer feinen Umgebung. Bleiben Sie ruhig in Ihrer Welt – ich bleibe hier nicht mehr!« Und aus. Die Klatschreporter haben ihren Spaß an dieser Geschichte. Lisa Fitz aber gewinnt mit ihrem kompromißlosen Verhalten bei den Freunden der kritischen Kunst wieder mal Boden.

»Ich könnte noch so viele Schulden haben, nicht mehr ein noch aus wissen, so eine Geschichte wie die ›Bayerische Hitparade‹ oder ähnliches würde ich nie mehr machen!« Das klingt verbissen-entschlossen. »Selbst wenn heute jemand daherkommt, mir zwei oder fünf Millionen für einen öffentlichen Blödel-Job bietet, Moderation einer TV-Show oder Schlagersängerin oder irgendwas in dieser Richtung – ich würde ablehnen. Weil ich weiß, wie sich das Leben auf dieser Seite anfühlt.«

Dennoch wagt sie zur Zeit wieder eine Gratwanderung und steht regelmäßig mit Promi-Koch Alfons Schubeck vor der TV-Kamera. »Genießen erlaubt« heißt die Serie, und sie stellt Schmankerl (hochdeutsch: Spezialitäten) aus den bayerischen Regionen vor. Schubeck kocht, und Lisa Fitz steht ihm dabei as-

Gratwanderung in der Fernsehküche: Alfons Schubeck kocht, und Lisa Fitz assistiert.

sistierend zur Seite, gibt Weisheiten über den Eisengehalt von Spinat von sich oder auch über Schwammerl, Pilze, die »zu schnell lasch werden«. Und wenn der Kochlöffel-Maestro zu Lisa sagt: »Tu da mal das Butterschmalz rein ...«, dann macht sie's brav und ohne zu widersprechen. Dazu Ali Khan: »Das Ganze ist nur auf der persönlichen Schiene zwischen Alfons und Lisa entstanden, weil die beiden halt ganz gut miteinander können. Ausschlaggebend für den Job aber war, daß der Bayerische Rundfunk zugesagt hatte, daß Lisa innerhalb dieser Serie auch Raum für kabarettistische Beiträge bekommt. Das hat am Anfang auch ganz gut geklappt; aber mittlerweile wird der Kabarettanteil immer geringer. Schade.«

Die Art aber, wie Lisa unbeholfen mit den Küchengeräten hantiert, lieber ihren männlichen Mitmoderator alles machen läßt,

»Dieser Mann hat eine riesige Strahlkraft.« Bei Günther Jauchs »stern tv« trifft Lisa Fitz den »Perestroika-Helden« Michail Gorbatschow.

rückt die Serie dennoch ins unfreiwillig (?) Komische beziehungsweise Satirische. Oft hat der Zuschauer den Eindruck, als sehe sie die Kochzeremonie nur als Vorspiel zu ihrem Kabarettauftritt. Ein Vorspiel, das sie wohl oder übel in Kauf nimmt, um dann endlich losschlagen zu können. »Es ist nicht nur das«, ergänzt Lisa Fitz die Erklärung für ihre neu entdeckte Liebe zum Kochen, »es hat auch mit dem ungeheuer sympathischen Team zu tun. Daß mir der Regisseur meine Zusage für dieses Projekt quasi in einer schwachen Stunde abgelockt hat, ist heute nicht mehr wichtig. Die Arbeit macht Spaß. Auch wenn ich während der ganzen Fernsehkocherei drei Kilo zugenommen habe.«

»Es ist wichtig und bewundernswert«, so Konstantin Wecker, »daß sich Lisa immer treu bleibt, auch wenn sie ihrem Publikum manchmal untreu werden muß. Einem Publikum, das die Kabarettistin oder die Rocksängerin oder die Entertainerin, Autorin und Schauspielerin erwartet. Sie ist alles zusammen und noch viel mehr: eben Lisa Fitz.«

Und als solche wird sie eben auch gern zu Talkshows eingeladen, quasi als Gesamtkunstwerk. Da fügt es sich auch mal, daß sie berühmte Politiker trifft, wie vor ein paar Jahren bei Günther Jauchs »stern tv« den Perestroika-Helden Gorbatschow. »Das war sehr beeindruckend für mich, dieser Mann hat eine riesige Strahlkraft. Im Gegensatz zu Kohl, dem ich auch mal die Hand schütteln durfte. Da kam nur so was wie protzige, fette Kälte rüber ...«

So richtig enge Freundschaften mit Polit-Profis hat sie nicht, auch wenn es einige gibt, die sie akzeptiert und schätzt. Renate Schmidt zum Beispiel, die bayerische SPD-Vorsitzende. »Die schätze ich sehr. Diese Frau ist schon eine einmalige Erscheinung.« Genauso wie die Landrätin vom Kreis Rottal, Bruni Mayer von den Freien Wählern. »Das ist eine herzliche, warmherzige, extrovertierte und volksnahe Frau. Wir sind in Kontakt miteinander.«

Es liegt auf der Hand, daß Politiker gern den Kontakt zu bekannten Künstlern suchen, schon allein des PR-Wertes wegen. Manche haben aber auch andere Intentionen. Wie einst der Franz-Josef Strauß. »Der hat ganz schön heftig geflirtet und gebaggert, und irgendwie landeten wir dann in einer Privatwohnung. Zu viert, denn da war noch ein anderes Pärchen dabei. Mit einer faulen Ausrede habe ich dann die Flucht ergriffen.«

8.

Selbstlos. Zwischenspiel

Ich will mich in tausend Spiegeln besehn
und mich vor mir selber wenden und drehn.
Ich will mich teilen, zersplittern, zerfließen
und mich in jede Form neu wieder gießen.
Ich will die gepanzerte Seele sprengen,
das Ich aus seinem Angelpunkt hängen,
auf diese Weise mein Selbst verlieren
und mich und die Welt und die Ewigkeit spüren.

Lisa Fitz

9.

Der Friseur

Der zweite wichtige Mann im Leben von Lisa Fitz ist der Friseur. Der hat natürlich auch einen Namen, den wir hier aber nicht nennen müssen. Er heißt im Fitz-Clan aber allgemein nur »Der Friseur«. Weil er, gut bürgerlich und gut erfolgreich, bis vor einiger Zeit mehrere Friseursalons hatte. Und wohl auch deshalb, weil er immer so eine wilde Langhaarfrisur trägt. Inzwischen macht er zwar in Immobilien, aber der Name »Der Friseur« ist ihm geblieben.

Die beiden lernen sich 1988 in einem Fitneßstudio kennen. Erste Blicke, ein paarmal zusammen essen gehen und so weiter und so fort, wie das Leben so spielt. »Als ich dann Lisa gut ein Jahr später auf der Bühne gesehen habe, mit ihrem ›Ladyboss‹-Programm, da war ich vollends begeistert. So eine starke Frau – das reizt natürlich!«

Lisa Fitz beschreibt ihren Friseur zwar überspitzt, aber dennoch mit Wahrheitsgehalt – und zum Glück nicht ohne Selbstironie –, in ihrem Programm »Heil!«. Das Stück heißt »Der Porschefahrer«. – »Als ich es das erste Mal gesehen habe«, erinnert sich der Friseur, »da hatte ich schon ganz schön gemischte Gefühle, irgendwo zwischen Haß und Begeisterung. Alles klatscht und lacht – und ich als Betroffener dazwischen!«

Hier also »Der Porschefahrer« alias »Der Friseur«, live on stage. Lisa Fitz schildert in der Rolle einer Upper-class-woman ihr Dilemma:

»Ich glaub, meine Krise is von den Bergromanen kommen. Ich hab ja früher sehr viel Bergromane glesen, gell. Die sind wie Arztromane. Ich hab diese Schmonzetten geglaubt – wie jede Frau, irgendwie –, zuerst amal. Des is halt so a Traumwelt, wie in de frühen amerikanischen Filme, wo sich der Mann über die Frau beugt und »Baby« sagt – und alles ist okee.

Aber dann hab ich mich mit der Zeit emanzipiert und bin stachlig worn. Und hab so Sätze gsagt wie: ›Einen Mann, der nicht abspült, schmeiß ich raus! Knallhart. Fuck off, ey!‹«

Wieder können wir den Hintersinn der Fitz bewundern. Darf der echte Chauvi jetzt lachen über all die Möchtegern-Emanzen, oder läßt er's besser bleiben? Darf die ertappte Pseudo-Emanze lachen, oder sollte sie besser betroffen sein? Fuck off, ey, weiter im Text:

»Und mitten in diesem frauenbewegten Leben, Ende 30, lauft mir so ein porschefahrendes Arschloch über den Weg! Mir! Mit nackenlanger Fönfrisur, Muskeln und Goldketterl. Traum aller Küchenhilfen. Anfang 30, sattes Alter. Und natürlich war er verheiratet – unglücklich, versteht sich. Mit einer sauberen, netten, kleinen Frau, in einem sauberen, netten, kleinen Haus. Aber: uuunglücklich. Natürlich. Außen Django – innen Vollkasko!

Na, hab ich mir denkt, nimmst ihn halt mit, den Burschi, als Freizeitgestaltung, kann ja net viel passieren. Jetzt hat der aber in seiner Eroberer-Hybris einen auf Idyll gemacht, dieser sadistische Schleimer, und mich in Grund und Boden gesülzt, weil ja nur eine seelisch geöffnete Frau eine wirklich leidenschaftliche Frau ist. Er wird, ja muß, sich von seiner Frau trennen, weil ich, verstehen Sie, bin die ›Liebe seines Lebens‹. Hab ich völlig eingesehen.

Des Peinliche an der Geschichte war nur, und des ist der Punkt, daß der Typ ein geiler Steiger war und mir mein gesamtes frauenbewegtes Hirn deswegen in meine Hosen gerutscht ist. Soo ein Hintern, soolche Schultern, sooo ein Latissimus – soo ein Hirn.«

Welche körperlichen Eigenschaften sie wie groß mit den Händen beschreibt, wird hier nicht verraten. Der Leser ahnt's ohnehin schon.

»Außen Schwarzenegger – innen Pumuckl! Aaber a guter Steiger! Da meint man, das kann doch eine starke Frau, eine alte Wölfin mit Erfahrung nicht in die Falle locken. Es kann. Warum? Weil alle Frauen nur das eine wollen – und wenn das einer wirklich beherrscht, was selten genug vorkommt, dann signalisiert das Reptiliengehirn Unterwerfung. Ich hab also alle meine Schleusen geöffnet und mit ausgebreiteter Seele gewartet, daß der Porschefahrer mein Lebensinhalt wird. Des hat natürlich schiefgehn miassn!

Er konnte die Frau dann irgendwie doch nicht verlassen ... Die alte blede Geschicht. Außer einem guten Koitus haben wir nix auf die Füß' gestellt. Aber wir haben tapfer weitergelitten. Er hat dann nämlich auch zu leiden angefangen, weil er nicht mehr vor und nicht mehr zurück können hat. Da hab ich dann langsam begriffen, wie man Masochist werd – der is a tägliches Training!

Stellen Sie sich vor, Sie sitzen als 40jährige Frau mit einem Fernstecher auf einer Tanne und beobachten das Haus Ihres Geliebten! – A gebrauchtes Nachtsichtgerät hab i mir kauft, ein Riesending, wo ma normalerweise im Krieg verwendet, daß man den Feind beobachten kann. Dann hat mich der Bewegungsmelder von seiner Alarmanlage erfaßt, plötzlich waren alle Lichter an, und der Hund hat mich über die Felder gehetzt, verfolgt, gestellt und meine teure Versace-Hose zerfetzt. 2 000 Mark! Net amal der Versicherung hab ich's melden können, weil sonst alles aufgeflogen wär.

Ich hab an totalen Kontrollzwang kriegt. Und alles wegen so am Depp! Und dann sitzt du in der Gewohnheitsfalle und sehnst dich nach seim Geruch, seiner Stimme, seine starken Arm' und seine Muskeln, seine Sprüch' ..., sogar nach seine Blödheit sehnst du dich, weilst as süß findst! Und weilst as gwohnt bist!

Bloß weil man nicht frauenbewegt genug war, um porschefahrende Versager mit Fönfrisur schon im Ansatz zu entlarven und zu meiden wie die Pest! Hach! ...«

Die ganze Szene strotzt vor Überzeichnungen, Komik und jagt von einem schauspielerischen Höhepunkt zum nächsten. Eine Frau, auf der Suche nach dem Seelenheil, tut sich selbst leid, weil sie trotz aller emanzipierten Ansprüche auf so einen Porschefahrer reingefallen ist. Muß sich das Ganze mal von der Leber reden, sonst wird sie noch verrückt. Wenn Lisa Fitz diese Nummer auf der Bühne bringt, biegt sich das Publikum regelmäßig vor Lachen.

Der Porschefahrer sitzt sogar des öfteren im Publikum. »Nur gut, daß die Lisa dieses Programm nie in unserer Gegend aufgeführt hat. Da hätte jeder sofort gewußt, daß es um mich geht!« Und er hat Lisas Leben für einige Jahre ziemlich durcheinandergewirbelt. So sehr, daß sie auf den gemeinsamen Erfahrungen aufbauend den Roman »Flügel wachsen nach« schreiben mußte, um Abstand zwischen sich und ihren Porschefahrer beziehungsweise ihren Friseur bringen zu können. Im Buch ist er »Der Blumenbinder«. An satirisch überhöhten und rein erfundenen Szenen gibt's keinen Mangel. Für Insider und Freunde sitzt die Szene dennoch:

»Er war ein Pragmatiker, ein Niederbayer, ein Geschäftsmann. Kein Intellekt, keine Philosophie, kein gedanklicher Austausch, keine Anregung. Er war ein Bulle, ein durchtrainierter Vollmann, verkörperte das Ideal aus amerikanischen Schmonzetten, mit denen ich aufgewachsen war. Muskeln, braun, Geld, Macher, Steiger, Wolfsblick, lange Haare, Django, Weiberverführer, Lügner ... Ich war ihm völlig verfallen.«

Nur zur Erinnerung: Hier spricht, in der Ichform, Lena Lustig, Lisas Romanheldin. Und vorher, in dem Ausschnitt aus dem Programm »Heil!«, sprach, ebenfalls in der Ichform, eine Fast-Emanze auf der Suche nach dem wiederherzustellenden Glück. Wieviel

»Ich will die gepanzerte Seele sprengen, das Ich aus seinem An-gelpunkt hängen.« *(Foto von 1991)*

von diesen beiden Figuren nun wirklich Lisa Fitz ist, darf frohgemut spekuliert werden. Die einen vermuten eine hundertprozentige Deckung zwischen Roman-, Bühnenheldin und Autorin; andere gehen davon aus, daß sie nie solche Texte schreiben könnte, wenn sie keine Distanz zum Thema hätte. Und Lisa selbst? Sie hüllt sich in geheimnisvolles Schweigen, zuckt die Achseln, freut sich, wenn die Leute was zum Reden und vor allem zum Denken haben.

Tatsache aber ist, daß sie immer noch mit ihrem Friseur zusammen ist, in welcher Form auch immer. Ob als Liebespaar oder »nur« als Freunde, das sei dahingestellt. Der Friseur hält sich an die offizielle Version: »Wir sind inzwischen auf kameradschaftlicher Ebene zusammen. Und auch auf geschäftlicher. Ich berate Lisa in finanziellen Angelegenheiten.«

Vor zwei Jahren war dieses Verhältnis für Lisa selbst noch eine »never ending story«. Dann lanciert sie in die Klatschspalte einer Münchner Zeitung was von einer Trennung zwischen ihr und ihrem Friseur; Ali aber ist sich sicher: »Das hat nie richtig aufgehört zwischen den beiden, das ist immer noch ein Roman mit Fortsetzungen.«

Wie immer die beiden heute auch zueinander stehen mögen – Fakt ist, daß auch ein Künstler Recht auf Privatleben hat. Fakt ist außerdem, daß der Friseur, wenn auch ohne Absicht, zum Entstehen wunderschöner Kabarettnummern und eines packend geschriebenen Romans beigetragen hat, wieviel Prozent auch immer. Bewußt oder unbewußt.

Aber er hat auch was dafür bekommen, mehr als genug: »Ich muß Lisa sehr dankbar sein. Ohne sie wäre ich nie aus dem normal-bürgerlichen Trott herausgekommen. Sie hat mir einen Ruck gegeben, der mein ganzes Leben positiv beeinflußt hat.«

10.

Ladyboss und Heilige Hur'

Zwei Programme sind für Lisa Fitz fast zum Synonym geworden: »Ladyboss« und »Heilige Hur'«. Weil man der Fitz mit all ihrer Power jederzeit abnimmt, daß sie der Boss in ihrem Umkreis, in ihrem Team ist. Und weil der Begriff »Heilige Hur'« sehr schnell mit einer aggressiv zur Schau gestellten Sexualität in Verbindung gebracht werden kann. Hat sie sich nicht öffentlich zur Vielmännerei bekannt auch außerhalb ihrer Auftritte, in Talkshows?

Was den Ladyboss angeht – irgendwie stimmt der Stempel. Alles will sie beaufsichtigen, kontrollieren, überall mitreden. Ob es nun um Plakatentwürfe oder um Pressetexte geht, um bereits ausgehandelte Gagen oder um neu zu schreibende Texte. »Manchmal«, so Ali, »kann das ganz schön anstrengend sein.« Der Friseur aber, sozusagen Alis Nachfolger in Sachen Lisas Privatleben, nimmt's gelassener, daß die Lady der Boss ist: »Wenn man sich erst mal dran gewöhnt hat, ist es gar nicht mehr so schlimm.«

Jawohl, Lisa Fitz ist eine emanzipierte Frau. Und muß mit diesem Etikett auch leben. Mit allem, was an Negativem mitschwingt: Emanzen als Besserwisser, Emanzen als zänkische Weiber und vieles mehr. Ein männlicher Künstler, der sich um alles selber kümmert innerhalb seines Teams ist ein Tausendsassa, ein Multitalent, ein Alleskönner. Eine Frau halt nach wie vor ein Drachen. Oder, bestenfalls, ein Ladyboss.

Dabei kommt ja im Begriff »Lady« was absolut Weibliches rüber, etwas von der männlichen Warte aus Begehrenswertes. Dafür klingt »Boss« nach Härte und Chauvinismus. Okay, Boss,

»Eine schwache Frau zu zeigen, gerade auf der Bühne, das ist wie Eulen nach Athen tragen.« Lisa Fitz beim ORF in der Sendung »Frau des Jahres 1994«

ist gebongt, es wird so gemacht, wie du es sagst. Die Mischung macht's also. Die Mischung aus hart und weich, die Differenz zwischen Anspruch und Realität.

Wie groß diese Differenz zwischen Anspruch und Realität bei Lisa Fitz auch als Privatperson ist, kann nur gemutmaßt werden. Jeder Mensch hat ein Bild von sich, dem er gerecht werden will. Ein Image, das manchmal näher am Ego dran ist und ein anderes Mal wieder verdammt weit weg davon. Bei Lisa Fitz ist es bestimmt nicht anders. Dennoch ist sie der Überzeugung: »Eine schwache Frau zu zeigen, gerade auf der Bühne, das ist wie Eulen nach Athen tragen. Und das will ich nicht.«

Und deshalb kommt sie in ihrem Programm »Ladyboss« auch gleich auf den Punkt. Mit großen Gesten des Ekels und der Abscheu tut sie kund: »Die Frau als Opfer – wäääh! Dieses Gleichberechtigung-Geseiere zieht sich doch keiner mehr rein! Die Welt ist voller böser Frauen!« Und: »Das ausgesprochen Weibliche hat immer noch was von einer Kuh. Diese Trägheit! Auf der Weide rumstehen und auf den Stier warten.«

Dann zieht die Fitz voller Brillanz über die Männer an sich her, malt düstere Szenarien. Daß die Männer in ferner Zukunft fast ausgestorben sein werden, daß es aber Reservate geben wird, in denen sie breitbeinig gehen dürfen, sich besaufen und an Bäume pinkeln. Und daß die ganze männliche Moral in bezug auf Frauen in dem Satz »Vorne Mutti, hinten Nutti« Platz hat. Alles biegt sich vor Lachen.

Was immer wieder gut ankommt: Wenn sich die Fitz verbal einen Mann-Mann vorknöpft, einen, der nach Härte und Ordnung ruft. Wer bietet sich da besser an als der CSU-Politiker Gauweiler, wenn er als Scharfmacher in Sachen AIDS-Bekämpfung Sanktionen gegen Schwule fordert. »Dieser Gauweiler, diese aufrecht gehende Kreuzung aus Hitler und Hamster! ›Sie können sich ja gar nicht vorstellen, wie schrecklich es in Homo-Saunas zugeht‹, sagt er. Da hat er recht, das kann ich mir wirklich nicht vorstellen, ich geh' ja nicht in Homo-Saunas. Aber er, er weiß es anscheinend sehr genau!«

Frauenpower mit Augenzwinkern und satirischem Anspruch. Und vor allem auch mit Mut zum Frivolen: »Frauen kommen nicht langsam und gewaltig. Sondern mehrmals, wenn Sie's richtig anstellen.« Und man darf auch den ultrafanatischen Emanzen mal eins draufgeben, jenen, »die eigentlich nur bessere Männer sein wollen, denn den Feministen-Faschismus, den gibt's ja auch«.

Und die Message? Oder auf gut bayerisch: die Mässitsch? Ein Aufruf zur gegenseitigen Toleranz. Auch dann, wenn's ans Eingemachte geht: »Gönnen Sie sich und Ihrem Partner doch ein bißchen mehr Spaß. Gehen Sie fremd. Warten Sie nicht, tun Sie's bald – irgendwann sind Sie zu alt!«

Die Emanzipation der Frau taucht als Kabarett-Thema auch in den anderen Programmen immer wieder auf. So zum Beispiel in »Heil!«. Heil wie Seelenheil, nicht wie Heil Hitler. Hier geht's im ersten Teil um eine vom Ansatz her emanzipierte Frau, die am bereits erwähnten Porschefahrer zerbrochen ist und die nun ihr verlorengegangenes Heil sucht. Alles probiert sie aus, durchläuft den Esoterikirrgarten, die Medikamentenküche und die Psychatriemühle. Mit genialen humoristischen Purzelbäumen, daß es nur so knallt.

Lisa Fitz macht sich im Laufe ihres künstlerischen Schaffens tatsächlich zu einer Art Fürsprecherin der Frauen. Dabei sind es beileibe nicht die Superemanzen, die sie zu ihren Fans zählen darf. Denen ist die Fitz »nicht politisch genug«. Es sind vielmehr die ganz normalen Frauen, die irgendwo tief drinnen merken, daß irgendwas nicht stimmt. Und die dann befreit auflachen können, wenn Lisa dem Mann im allgemeinen, im besten Fall aber auch dem Mann neben sich, dem Freund, dem Lebensabschnittsgefährten, dem Ehemann, stellvertretend die Leviten liest. Ich, Lieschen Müller, bin nicht stark genug, mir das alles so auszudenken und zu formulieren, aber die Lisa Fitz, mein Guter, die wird's dir schon geben.

Lisa weiß, was Frauen wünschen.

Das zeigt sie schon in »Die Heilige Hur'«. Wie dieser Titel zu verstehen und zu definieren ist, erklärt Lisa Fitz selbst:

Ein Bub verliebt sich,
wenn er zwölf ist und sein Trieb erwacht,
in seine Mutter.
Das darf nicht sein, versteht sich –
und schon spaltet sich sein Frauenbild
in heil'ge Mütter einerseits
und liebesfähige Huren zum andern;
und auf der Suche nach der Frau,
die alle zwei in sich vereint,
beginnt er rastlos nun zu wandern,
und findet sie vielleicht.

Probleme gibt es erst,
wenn er die eigne Frau
zur Mutter macht ...

Also zur »Heiligen Hur'«. Doch ursprünglich sollte dieses Programm eigentlich »Menschliches von Lisa Fitz« heißen. Weil es eben viel Menschliches von Lisa Fitz preisgibt. Sehnsucht nach Liebe, Wärme und auch Sex. Ungewohnt poetisch-sanft zum Beispiel in »Pan«:

Es flüstert und raunt, was der Hirtengott Pan
im Wald den verzauberten Nymphen getan;
sein Flötenspiel hat sie wirr gemacht,
trunken von Lust haben sie nur gelacht ...

Du sagt, die Träume vergehn irgendwann,
und daß man nicht nur davonlaufen kann.
Du glaubst, daß Liebe sich festhalten läßt,
so wie man Blumen in Bücher preßt.

Ein Kind der Freiheit soll die Liebe sein,
und wen wir lieb habn, den sperrn wir nicht ein.
Schau – unser Leben ist jeden Tag neu –
und es ist Sommer, und es riecht nach Heu.

Ähnlich sanfte und nachdenkliche Töne schlägt Lisa Fitz auch
in »Zärtlichkeit im Umgang« an:

Zärtlichkeit im Umgang ist erlernbar, aber schwer.
Zärtlichkeit im Umgang mit Minderheiten,
Randgruppen –
Zärtlichkeit im Umgang mit dem Feind
setzt voraus: das Wagnis des Versuchs –
zu verstehen ...
Motive, Hintergründe, Lebensläufe.
Wie lebt der Feind? Wie glaubt er? Wie betet er?
Wie liebt er? Was liebt er? Was wünscht er sich?

Die Texte für die »Heilige Hur'« sind rücksichtslos ehrlich, und
hier geht's weniger um die Kabarettistin Lisa Fitz. Es geht um
die Person, die letztlich, trotz aller Bunt- und Schrillheit auch
verletzlich ist und das, zumindest auf der poetischen Ebene,
auch zugibt. Texte über sinnlos vorbeigestrichene Tage, über den
Alltags-Blues, die Melancholie, und auch über die Depression.
Genauso wie die Frage nach dem eigenen Ich. »Identität«:

Was ich oft gern hätt',
ist eine eigene Identität.

Wo das Selbst ist, nicht wahr, so sagt man doch?
Da ist bei mir ein großes Loch.

Ich kann mich mit allem selbst identifizieren,
ohne meine Identität zu verlieren;
ich hab' ja keine, das ist der Witz -
nur einen Namen hab' ich. Gestatten: Fitz!

Seit Jahren aber befind ich mich
auf der Suche nach meinem Ich;
mit Fasten und Beten und sämtlichen Tricks.
Und der Trick ist der: Man findet nix!

Das neurotische Seelenbeschauen
zeigt den Mangel an Selbstvertrauen;
je tiefer man in sich neibohrt,
desto weiter ist man von sich fort.

Berufskollege Hanns Dieter Hüsch schreibt im Vorwort zum
Buch »Die Heilige Hur'«: »Vorschnelle Denker und Berufsausein-
andersetzer halten vielfach Lisas Lieder und Texte für nicht politisch oder politisch genug. Ich, halte zu Gnaden, finde, daß
diese kleinen Lebens-Werke hochpolitisch und tiefmoralisch sind,
weil es bei Lisa immer um unser Zusammenleben oder nicht geht,
ums miteinander Überleben oder gegeneinander Untergehen.
Danke für die vielen Provokationen, und schreib und sing und
lies uns bitte weiter die Leviten. Dies schreibt Dir ein Mann, in
dem viele Kinder stecken, und zugleich ein Kind, in dem viele
Männer sich unermüdlich widersprechen.«

11.

Das Heil der Welt

Die Benachteiligung der Frau als durchgehendes Grundthema schließt für Lisa Fitz noch lange nicht aus, immer wieder den Finger auch auf andere, genauso wichtige Wunden der Gesellschaft zu legen. So geht's in ihrem Programm »Heil! – Vom Therapiechaos zur Deutschen Ordnung« um einen Themenmix, der auf den ersten Blick nicht unbedingt verständlich ist. »Es geht hier um die Ordnung im Leben, die auf der Suche nach dem Seelenheil als heilversprechendes Ziel angeboten wird. Und der Schritt von der persönlichen Ordnung in die nationale, dieser Schritt ist sehr klein«, erklärt Lisa Fitz. Und so attackiert sie in »Heil!« auf der einen Seite Heilslehrer aller Art, um dann auf der anderen eine Brücke zum Nationalismus zu schlagen. Die Gleichung: Suche nach Seelenheil = Frust = Wunsch nach Ordnung = Deutschland, Deutschland über alles. Eine Gleichung, die man hinterfragen und auch kritisieren kann. Die aber als Live-Programm so besticht, schon allein aufgrund der schauspielerischen Wandlungsfähigkeit der Protagonistin, daß Fragen und Kritik erst mal in den Hintergrund treten.

Herrlich dämlich zum Beispiel die Szene, in der Lisa als gefrustete Yuppie-Tussi, im kleinen Schwarzen und mit gestylter Wuschelkopf-Perücke, ihren Weg durch den Kindergarten der Esoterik beschreibt, immer wieder mit großer Mimik und Gestik:

»Meine Freundin, die hat grad a dreiwöchige Ausbildung als Schamanin hinter sich, die hat gsagt, sie kann mir im Moment nicht helfen – meine Aura hat Löcher! Emmentaler! Sie sieht das. Mein schlechtes Fluidum würde ihren Astralkörper verunreinigen.

Aber die Aura kann man jeden Morgen schließen, so ... (kreisende Handbewegung) – oder schließen ... (entsprechende Geste).

Das dauert halt einige Zeit dann. Da muß man dran bleiben. Sie hat mich sofort zu einer Heilerin geschleppt, die die Hände auflegt und Energie gespendet hat – 250 Mark von oben ... kriegt sie die, von außen, oben, fließt die dann durch sie in mich rein oder so. Und im Herbst ist alles vorbei.

Das war nicht korrekt. Es war nichts vorbei. Es ging weiter. Die Hausärztin, zahlt die Kasse, hat lapidar gsagt: Lassen Sie die Männer, die bringen nur Unglück, und kaufen Sie sich einen Hund, der schafft Atmosphäre! Damit wenigstens einer mit dem Schwanz wedelt, wenn ich heimkomm'. Na hab ich mir einen Stoffhund gekauft, mit Batterie, um zusätzliche Belastung zu vermeiden. Den hab ich gebürstelt bis zur Ekstase. Nach zwei Monaten war der komplett abgewetzt.

Der Apotheker hat zu einer Aromatherapie geraten. Lavendel, Nelkenblüte, Patschuli, Yiang-Yiang, Selbstzahler, 12 Mark 50 pro Flascherl. Wenn ma des Richtige riecht, hat er gsagt, des stimuliert des Gehirn ... In meim Haus hats gestunken wie in einem malayischen Puff, und ich war vollkommen damisch. Stimuliert auch. Aber nicht im Hirn.

Dann bin ich zu einer Farbberatung gangen, Frau Maja Schulze-Besingheimer, München, Maximilianstraße, beste Gegend, Eingangshalle in Marmor, Gold und Sandelholz. Und sie im fliederfarbenen Chanel-Kostüm. Und ganz braun war die. Die war so braun, ich hab noch nie gsehn, daß a einzelner Mensch so braun sein kann. Die hat ausgschaut wie a Mumie, die 's in Mikrowelln-herd einitan ham. Unser Konzept, hat sie gsagt, mehr äußere und innere Harmonie durch die für Sie richtigen Farben. Ich hatte dann anschließend die gesamte Garderobe in Aubergine und Lachs. 18 000 Mark, ohne jeglichen Erfolg.

Die Verkäuferin vom Edeka, eine herzensgute Person, die kennt ja mei ganze Gschicht, hat jeden Tag gsagt: Machens eine Ananas-Diät, die entschlackt, da geht das Üble raus. Und tuns jeden Tag joggen, da bildet der Körper Endorphine. Und essen Sie täglich ein Kilo Bananen, die enthalten Glücksstoffe. Ich bin völlig wirr worn und hab mich gefühlt wie eine Qualle, der man einen Maßanzug verpassen will. Aber aufgeben hab i net! Quallen geben nicht auf. Im Gegenteil! Ich hab angefangen zu pendeln ... ober der Porsche mein Lebensinhalt wird. Bekomme ich ein Kind von ihm? – Hat 's Pendel cool gsagt: Jaaa! Rechtsrum. Des war am Montag. Am Dienstag hab ich in meiner Weltuntergangsstimmung gfragt: Werd ich nächste Woche überhaupt noch leben? Nein. Linksrum.

Daraufhin bin ich zum Warmwasser-Rebirthing gangen: Wehen des Ursprungs durch Geborgenheit im Mutterleib, drei Stunden, d' Stund 120 Mark im Samadhi-Tank ohne Licht und ohne Ton in der Salzlauge. Ich als Rollmops! Da hab ich dann immer an mei Mausi denken müssen, weil mir auch nur ineinandergerollt wie die Bismarckheringe Erfüllung gfunden ham. Er der Mops und ich die Gurke!

Und die Kosmetikerin, die blöde Gans, hat auch noch gsagt, ich schau so verbraucht aus, ich soll mich mehr streicheln lassen. Streicheln regt die Zellteilung an. Und von der Kartenlegerin und der Wahrsagerin möchte ich jetzt nichts erzählen. Nein, das ist mir zu peinlich, daß man einem solchen Scheißdreck aufsitzt. 15 000 Mark! Wenn auch in einer inneren Notlage.

Aber die Reinkarnationstherapie war hochinteressant. Auflösung von Leid durch Rückerinnerung an vergangene Leben. Da samma dann draufkommen, daß der Porschefahrer im vorigen Leben meine Mutter war! Und deswegen komm ich so schwer los von ihm! Und im Leben davor war er meine Geliebte, und ich hab ihn beziehungsweise sie beschissen. Und jetzt rächt er sich. Ois is Karma ...«

So geht das noch ewig weiter, über Tantsu und Watsu, Selbsterfahrung mit Delphinen, japanischem Blumenstecken, Hypnosetherapie, Hexenkurs, Okkultismus, bis hin zurück zur klassischen Psychoanalyse.

Bis dann endlich der Befreiungsschrei kommt: »Alles Krampf! Schmarrn! Humbug! Ich habe sie alle hinausgeschmissen: die Heiler, die Helfer, die Ratschläger, die Besserwisser – und den Porschefahrer!!!«

Das Programm geht fließend vom esoterischen ins nationalistische Heil über, schwarzrotgold, weil Ordnung dem sinnsuchenden Menschen einen Anhalt bieten kann. Und einen Inhalt. Von der Ordnungsneurose dann zur nationalen. Ausländer rein, wecket das Deutsche in ihnen. »Können Sie sich einen deutscheren Deutschen vorstellen als Roberto Blanco?«

Der Bruch im Programm ist nicht für alle nachvollziehbar. Doch insgesamt sind sowohl die Zuschauerreaktionen als auch die Kritiken positiv. Wie in der *Offenbach Post* (6. September 1993): »Schade, daß sie nicht schon früher ihre Krise gehabt hat. Krisen machen nämlich Lisa Fitz mächtig an und kehren aus der ohnehin starken Frau noch stärkere Seiten hervor. Denn wenn Lisa Fitz, diese Kombination aus bayerischer Vollblutschauspielerin und Vollblutkabarettistin, von ihrer Krise geplagt wird, ist sie über die Maßen stark ... Lisa Fitz, Bodybuilding-Frau, Oberkörper auf preußischen Beinen, strahlt Stärke aus, Souveränität, gibt sich als Urgestein prallen, fast schon barocken Komödiantentums, das dennoch und trotz aller (auch verbalen) Derbheit nie oberflächlich wirkt. Weder wenn sie als stöckelschuhbewehrte Dame merkwürdig breitbeinig über die Bühne stelzt und den an ihr vollzogenen Therapieterror hochnimmt. Noch, als sie später als Domina und in schwarzrotgoldene Lederkluft gewandet, die deutsche, jawoll, die deutsche (!) Ordnung als Allheilmittel verkauft ...«

Oder, fast schon enthusiastisch, das Fazit der Kritikerin Gisela Lasuktin in der *Schwäbischen Zeitung*: »Powerfrau Fitz ist nicht nur aktiv, sondern radioaktiv! Ihr hingerissenes Publikum frißt ihr aus der Hand und glaubt ihr einfach alles. Denn, geschult wie wir nun sind nach dieser eindringlichen Lektion: Es war unser aller Karma, daß wir mit Lisa Fitz zu dieser Veranstaltung zusammentrafen, um etwas fürs Leben zu lernen.« Und Simone Ohlinger in der *taz*: »Wenn das Wort Powerweib nicht so entsetzlich wäre, könnte man versucht sein, es auf die geballte Energie einer Lisa Fitz noch einmal anzuwenden.«

Schade, daß Kritiker, auch wenn sie dem Künstler wohlgesinnt sind, etliche schlechte Angewohnheiten haben. Daß sie vom Veranstalter ein bißchen hofiert werden wollen und daß sie nie und nimmer klatschen, weil sie ja so schrecklich souverän über allem schweben, ist bekannt. Daß sie aber auch hin und wieder

»Betrunkene Frauen sind das allerschlimmste – aber nur für Männer!« Lisa Fitz in »Heil!« 1993

nicht das ganze Programm inklusive Zugaben abwarten – das ist eigentlich eine Todsünde. Gerade im Hinblick auf das Programm »Heil!« von Lisa Fitz.

Denn über eine von Lisas Comedy-Bravourleistungen in der Nummer »Die Superpillen« gibt's kaum was zu lesen. Zugabe halt. Zumindest bei einer Großzahl der Auftritte. Aber zur Sache: Eine Klofrau beschreibt ihren Leidensweg durch den Medikamentenschrank. Sie nimmt, ganz harmlos, Migräne-Kranit gegen Kopfweh, bekommt daraufhin Sehstörungen, nimmt Cerebro Forte, und wird daraufhin, als Nebenwirkung, depressiv. Dann von Valium zu Capdagon, einem Antriebssteigerer, der den Blutdruck hochjagt. Tagamed, Jatrosom, ein Ginsengextrakt mit Stierhoden, Simplotan, Cortison. Von Nebenwirkung zu Nebenwirkung – Lisa alias die gepeinigte Klofrau erzählt packend und energievoll. Lexotanil, wieder Tagamed, Dihydergott, Dolomo, schließlich Teldane.

Aus den Lachsalven und aus dem Beifall des Publikums dürfen wir schließen, daß der eine oder andere Kabarettbesucher das eine oder andere Medikament nicht nur dem Namen nach kennt. Nun, die Klofrau hat alles relativ unbeschadet überstanden, das Publikum hat sich prächtig amüsiert, und somit könnten eigentlich alle zufrieden sein. Nicht aber Lisa Fitz. Sie setzt noch eins drauf: »Wenn ich seh', daß zwei Leut miteinander reden, zum Beispiel im Fernsehen, und Entscheidungen von weltweiter Tragweite getroffen werden in Politik und Wirtschaft, und der eine ist unheimlich müde und der andere total drüber – ob sich da vielleicht bloß zwei Nebenwirkungen unterhalten?«

Man muß diese Nummer sehen, live erleben. Sie hat einen Ewigkeitscharakter wie der Silvester-Evergreen »Dinner for One«, sie bleibt im Gedächtnis. Und wird nie langweilig. Einfach auf den Punkt gebracht: ein Meisterwerk!

Ich, der Buchautor, will zumindest mal wissen, ob es diese Medikamente überhaupt gibt oder ob es da um Phantasienamen geht, die uns die Klofrau um die Ohren schmeißt. Okay, Valium ist ein Begriff. Capdagon vielleicht auch noch. Und der Rest? Und die beschriebenen Nebenwirkungen? Fiktion, freie Erfindung? Oder ist was dran? Ich starte einen Versuch.

Zwei meiner Freunde sind Ärzte. Der eine ist Leiter eines oberbayerischen Gesundheitsamtes, der andere ein angesehener Neurologe und Psychiater in einer bayerischen Kreisstadt. Ich spiele ihnen ohne jegliche Vorwarnung das »Heil!«-Video vor, die Zugabe, die Nummer mit der medikamentenverseuchten Klofrau.

Die Reaktionen der beiden, soviel schon vorweg, machen mich sprachlos. Zuerst vorsichtiges Grinsen, vereinzelte Lacher, dann sofort heftige Dispute. Obwohl ich sie gebeten hatte, vor dem Ende des Sketches nichts zu sagen, sondern dessen Ende abzuwarten. Also die Medikamente gibt es; die Namen stimmen alle. Bis auf einen, da sind sie sich nicht so ganz sicher. Die Nebenwirkungen gibt es auch. Oder besser: kann es auch geben, im schlimmsten Fall des Falles. Mein Fachleutetest endet im Chaos. Ein Versuch, die Zwischenrufe zu dokumentieren:

»So ein Schmarrn! Niemand, der bei Verstand ist, würde in so einem Fall Cerebro Forte geben. Keine Spur von Ahnung, die Fitz!«

»Da geht's doch um den Gag! Außerdem ist Cerebro Forte zum Anfangen einer Therapie gar nicht so schlecht ...«

»Bei euch vielleicht! Weil ihr hinterm Mond lebt!«

»Na, jetzt übertreib mal net ...«

»Ja, ja, dein Spezl, der Ludwig! Der gibt in so eim Fall auch Cerebro Forte, ich weiß schon. Alles Quatsch!«

Pause. Intensives Aufmerken. Dann:

»Ah ja, das ist als Spaß gemeint. Zuerst Valium und dann quasi völlig konträr Capdagon, so was gibt's ja auf der ganzen Welt nicht!«

»Sie hat doch den Arzt gewechselt, du hast nicht zugehört!

Und wenn der Patient nicht sein Krankenblatt mitbringt, und des darf er ja als Kassenpatient sowieso nicht, dann fangst quasi immer wieder neu an! Woher soll ich denn wissen, was mein Vorgänger verschrieben hat. Des ist doch des alte Dilemma!«

»Aber des mit dem Tagamed, des hätt' ich jetzt auch gemacht. Des klingt logisch ...!«

»Tagamed, daß ich nicht lache!«

»Lach nur, da hab ich bei meinen Patienten schon tolle Erfolge mit gehabt!«

Nach einer längeren Pause:

»Simplotan klingt logisch.«

»Find ich auch.«

»Oh weia – Cortison!«

»Na und?«

»Vergiß es, darüber diskutiere ich mit dir nicht mehr ...«

»Lexotanil – jetzt wird's albern ...«

»Und jetzt auch noch Dolomo. Hör ma auf, des bringt nix, die Frau hat keine Ahnung von dem, was sie da von sich gibt. D-o-l-o-m-o ! Des würde in so einem Fall kein vernünftiger Arzt verschreiben!«

Realsatire. Für mich ganz allein. Ich bin glücklich. Schade, daß Lisa nicht dabei war. Sie hätte ihre helle Freude gehabt. Heil!

12.

Macht, Geld und Geilheit

Geld, Macht, Geil. Dreimal mit Großbuchstaben am Anfang. Wer aber aus diesem Programmtitel »Geld macht geil« liest, lesen will oder muß, liegt auch nicht falsch. Der Doppelsinn ist Absicht. Dieses Programm entsteht zwischen August 1988 und April 1989; seine Premiere ist im Juni 1989 in München. Lisa Fitz schlüpft darin in die Rolle der zum Parade-Yuppie mutierten Kabarettistin. Stellt jemanden dar, der im Lauf seiner Jagd nach dem Geld alle Ideale hinter sich gelassen hat: »Für Geld mache ich alles, da bin ich sogar intelligent.«

Wohlstandskabarett für Zahnärzte mit Problembewußtsein? Szenen für die Szene? Den Kabarettbesuchern und dem Kabarett an sich endlich mal den Spiegel vorhalten? Von allem etwas.

Lisa tritt auf, in weißem Nerz und rotem Cocktail-Brokatkleid: »Na, sehe ich nicht faszinierend aus? Für eine Kabarettistin sehe ich doch geil aus! Mit diesem Kleid habe ich sie alle ausgestochen: Petra Schürmann, Caroline Reiber und diese Thurn und Taxis-Schnepfe. Mit diesem Kleid könnt ich sogar die Bambiverleihung ansagen, gell? Es hat übrigens 1 600 Mark gekostet. Das ist das Nettogehalt einer Krankenschwester. Tja, die Zeiten sind vorbei, wo eine Kabarettistin eine arme, linke Kleinkunst-Sau war, die nach zweistündiger Verbal-Revolution, quasi Sprechdurchfall, verbittert die Bühne verläßt und dann womöglich mit dem Hut in der Hand sammeln geht für a warms Essen und die Heimfahrt! ...«

Dazu ihr Kollege Hans Scheibner, deutlich ironisch: »Was soll denn das heißen: ›Kabarettisten fressen jetzt auch schon im

Hilton!‹ Irgendwo ist doch eine Grenze. Das muß man dem Publikum doch nicht gleich auf die Nase binden. Hast du etwa nie miterlebt, wenn der König der linken Liedermacher zum Konzert anreist? Da wird der 450er Schlitten drei Straßen vorher geparkt, und dann geht's zu Fuß mit der Gitarre über der Schulter zum Bühneneingang, wo die Gesinnungsgenossen schon auf ihn warten. Und dann wird aber gesungen und geklampft über das Elend in der Dritten Welt und die neue Revolution der Arbeitslosen. Wie würde denn das aussehen, he, wenn der engagierte Freiheitssänger so auftreten würde wie du? Im weißen Nerz und Brokatkleid? Da müßte er ja anfangen, über sich selber nachzudenken. Also, verehrte Kollegin, ich warne dich! Die Aktionäre von MBB kannst du entlarven, soviel du Lust hast – und ihre Tussis und Schickimickis! Beifall, Applaus! Aber bitte nicht am Tabu der Tabulosen kratzen! Wo kommen wir denn hin, wenn nicht mal mehr Satiriker und Kabarettisten unantastbar sind?«

Aber steigen wir noch mal in die Ouvertüre ein:

»Das Ambiente hat sich ja auch geändert. Heutzutage hockt man sektschlürfend und kabarettkonsumierend in samtbezogenen Kleinkunststühlchen, haut sich kreischend auf die nappalederbehosten Schenkel, mit einem Kaschmirschal um den Hals (es gibt ja jetzt diese neue Anzuggeneration, die geistige Substanzlosigkeit mit Kaschmir tarnt) und grölt: Genau, he! Dene hat sie's wieda gebn! – Wem ›dene‹? Die, um die's geht, sind ja gar nicht da! Die sind der Mond, den es nicht kratzt, wenn ihn der Hund anbellt! Na, naaa – wenn ich jemand beschimpfe, dann euch! Ihr braucht das! ...«

Stimmt. Aber die Fitz selber, die braucht's auch. Und das weiß sie. Darum geht sie auch mit sich selbst nicht zimperlich um. Das Ganze wird zu einem verbalakrobatischen Gagfeuerwerk. Bei dem man sich immer wieder wundern muß, wie sich Lisa all diese schwierigen Textpassagen angelernt hat. Texte über Product Placement (»Pipi«), Konsumterror, penetrante Werbung,

Werbung statt Bewußtsein und den neuen, den bewußten Verbraucher: »Der moderne Verbraucher weiß, daß es eine Seele gibt. Schließlich hat er Erich Fromm gelesen. Er liest im Stadtpark auch gerne in der Sonne das Stadtblatt, bevorzugt Artikel über die Folter in Chile – weil ihn bewegt, was in der Welt vor sich geht. Im Walkman Sting; die Mischung im Kopf kommt obergeil!«

Natürlich ist auch »Geld Macht Geil« durch und durch frauenbewegt. Schließlich ist der lange Marsch der Frauen bis zur Gleichberechtigung noch nicht abgeschlossen. Lisa mokiert sich über brave und reklamehörige Hausfrauen, wird also auch in diesem Punkt zur Nestbeschmutzerin. Oder etwa doch nicht? Die Fitz weiß ganz genau, daß es gerade viele Frauen sind, die durch ihr Verhalten den Zielen der Frauenbewegung im Weg stehen. Drum kennt sie auch keine blinde Solidarität mit Geschlechtsgenossinnen. »Ich leb stark im Mondrhythmus, weißt ...«, läßt sie eine Tussi sagen. »Frau sein heißt feminin sein. Des hat überhaupt nix mit Kochtopf zu tun. Mir ham an Mikrowellenherd ...« Und zuvor in derselben Rolle: »Also mit Emanzipation und Frauenbefreiung und so hab ich echt nix am Hut. Des is was für mei Mutter gwesen. Ich heirat wahrscheinlich sowieso gar net, also brauch ich auch kei Emanzipation. Mei Freind verdient so viel – mir werdn Weltreisen machen, L.A. a bissl anschauen, Mode in Mailand, a bissl was von Moskau mitnehmen ...«

Die Presse überschlägt sich förmlich vor Begeisterung. Wie ein Kritiker nach Lisas Auftritt in Traunstein: »Lisa Fitz hatte kein Erbarmen. Zweieinhalb Stunden ging sie – ein kabarettistisches Urgewitter – auf das Publikum hernieder und klopfte es mit ihrer Stimme, ihren funkensprühenden Ideen und ihrer prallvollen Bühnenpräsenz windelweich ... Mannomann, ist die Frau stark!« Und ein Kollege aus dem Nürnberger Raum: »Da gibt es keine Pausen, kein Verschnaufen. Text, Musik und Beleuchtung, alles dient zu einem Rundumschlag im weitesten Sinn. Weil Geld

Macht ist – und Macht geil ist und Armut Ohn-Macht ist. Ein Schalk, wer anderes denkt ...«

Mit »Geld Macht Geil« gelingt der Fitz so was wie ein endgültiger Durchbruch an den Kabaretthimmel. Selbst bislang hartnäckigste Skeptiker erkennen nun, daß in dieser Künstlerin mehr steckt als nur der eine oder andere grelle Spruch.

Der Bekanntheitsgrad von Lisa Fitz wird immer größer, was aber – zumindest im Norden – mit den Medien zu tun hat, besonders mit dem Fernsehen. Mit ihren Live-Programmen bleibt sie gern im überschaubaren Umkreis. »Weiter als bis nach Frankfurt fahre ich nur ungern. Da bin ich wie der Polt.« Wenn's dann darüber hinaus geht – und so selten ist das nun auch wieder nicht – haben die Fans genauso ihren Spaß. Sprach- und andere Verständigungsschwierigkeiten gibt's da keine.

13.

Kruzifix noch mal!

Kruzifix, da war doch was! Ein gleichnamiges und medienträchtiges Gerichtsurteil, ein bayerischer Fluch, und eigentlich ein Begriff aus der Liturgie. Und jetzt: das neue Programm von Lisa Fitz und Ali Khan. »Kruzifix« heißt es vieldeutig und provokativ. Dazu ein Interview mit Lisa Fitz in der Münchner *Abendzeitung*:

»Steht Ihr neues Programm irgendwie im Zusammenhang mit dem sogenannten Kruzifix-Urteil oder geht's um was ganz anderes?«

»Am Rande hat's auch was mit diesem Urteil zu tun. Doch diese religiöse Anarcho-Hanswurstiade, die wir da als Osterei legen, hat tiefere Gründe. Schon seit meinem 16. Lebensjahr befasse ich mich mit Religion. Das ist ein Thema, das mich nie losgelassen hat. Und wohl so schnell auch nicht loslassen wird.«

»Woher schöpfen Sie denn Ihr Wissen über Religion?«

»Natürlich habe ich die Bibel gelesen, immer wieder. Und auch die Anti-Bibel. In der Vorbereitung zu unserem neuen Programm auch den Drewermann noch mal; sogar das schreckliche Papstbuch hab ich mir reingezogen.«

»Und wo stehen Sie? Wo steht Ihr Programm?«

»Um es auf eine Formel zu bringen: Der Katholizismus ist eins der letzten totalitären Systeme der Welt. So wird in unserem Programm eine bayerische Madonna, natürlich gespielt von mir, von einem Schutzengel namens Ferdinand, den spielt mein Ex-Mann Ali, ständig in Streitgespräche über gut und böse verwickelt.«

»Das klingt ja mehr nach Theater als nach Nummernkabarett...«

»Wir bewegen uns diesmal in der Mitte, im Stil der Commedia dell'arte, dazu gibt's etliche Rocksongs. In der Tradition von Goldoni oder auch Dario Fo bauen wir auf das Prinzip, daß eine Pointe auch Einsicht vermitteln muß, einen Aha-Effekt. Dieses blöde Dahin-Kalauern, wie wir es aus dem TV kennen, geht mir auf die Nerven. Da müssen wir gegen ankämpfen. Und gegen die falschen Götter sowieso.«

»Wen lassen Sie denn leben, sowohl auf der Bühne als auch privat?«

»Den Jesus. Das war wirklich ein guter Typ. Aber die anderen müssen dran glauben. Sowohl der Heilige Geist als auch dieses abstruse Gottvater-Gebilde.«

Womit eigentlich alles gesagt ist. Erst mal. Interessant ist bei diesem Interview, daß Lisa Fitz, ganz Ladyboss, vor Drucklegung dieses Telefoninterviews Wort für Wort, Komma für Komma gegengelesen und freigegeben hat.

Daß es anscheinend verdammt wichtig ist, den Unterschied zwischen Privat- und Bühnenperson immer wieder zu betonen, beweist der Kritiker Mathias Petry, wenn er seine Rezension folgendermaßen beginnt: »Die Heilige Hur' ist wieder da. Das heißt: In ›Kruzifix‹ ist sie halb Heilige, halb Hur'...« Wie war das doch gleich mit dem Bühnenimage, das automatisch auch für das Privatimage herhalten muß?

Doch Petry hat das Programm gut erfaßt: »Im Grunde erzählt Lisa Fitz nichts Neues, es geht um das Gute und um das Böse, um Kants kategorischen Imperativ. Neu ist die Verpackung, und die ist durchaus abwechslungsreich und amüsant. Vor allem die erste Stunde entpuppt sich als Gagfeuerwerk, in dem Klamauk, oder neudeutsch: Comedy, als Transporter für die Botschaft dient. Lisa Fitz hat sich in ›Kruzifix‹ für eine Mischform entschieden, nicht mehr ganz Kabarett, noch nicht Theater – eine Form, die ihr Flexibilität, stilistische Ausbrüche und trotzdem das Beibehalten einer Linie ermöglicht ... Das Programm enthält allerdings kaum etwas, was dazu geeignet wäre, den Gläubigen Zornesröte ins Gesicht zu treiben. Vielmehr wird ausgesprochen, was in Diskussionen über Kirche und Glauben oft zu hören ist. Wenn auch manchmal deftig verpackt, läßt es die Fitz lediglich im Himmel herzhaft menscheln. ›Jesus wurde aufgehängt, und die Nachgeburt, die Kirche, großgezogen‹ ist eines von den Zitaten, die das Lachen angesichts der Wortwahl im Hals ersterben lassen ...«

Die Kritiker hangeln sich in ihren Rezensionen von Gag zu Gag, kommen kaum mehr mit dem Mitschreiben nach. Hetzen von »Das Kreuz ist in Bayern so unausweichlich wie die Weißwurst« bis zu »Man sollte die Jesus-Figur verkehrt rum ans Kreuz nageln, damit sie nicht das Elend der Welt sehen muß.« Oft erwähnen sie die Standing Ovations am Schluß für Lisa alias bayerische Madonna; immer wieder wird Ali alias Ferdinand extra und explizit gelobt. »Lisa Fitz und Ali Khan: Himmlisches Kabarett!« Oder auch: »Lisa und Ali: Teuflisch gut!«

Die Intention von »Kruzifix« wird aber am deutlichsten, wenn man sich die beiden Untertitel des Programms noch mal bewußt macht. Erste Unterzeile: »Nichts ist ihnen heilig.« Zweite Unterzeile: »Mit teuflischen Tricks auf Kreuzzug für das Gute.« Trifft beides zu, sowohl für Lisa als auch für Ali. Keinen Respekt vor nichts und niemand; und trotzdem immer noch und immer wieder im Glauben fest – im Glauben an das Gute.

14.

There is no business like show business

So bewußt Lisa Fitz auch mit ihren Texten umgeht, genauso sicher ist sie sich der alten Showbusiness-Regel, daß der Moloch Publikum immer wieder seine Häppchen braucht. Weil er sonst nämlich ungehalten wird. Und sich nicht ausreichend unterhalten fühlt für sein Geld. Außerdem weiß die Fitz ganz genau, daß die Zeit des Betroffenheits-Kabaretts so gut wie abgelaufen ist, daß Erfolg an der Anzahl der Lacher gemessen wird und – nicht zuletzt – daß man über das Lachen die Seele öffnet. Und dann erst die Saat in die offene Seele legen kann. In der Hoffnung, daß ein Zehntel der Körnchen aufgeht. Und wenn nicht, daß die Leut' wenigstens ihren Spaß hatten.

»Vorhang auf!« Wir erinnern uns an die Devise von Mutter Molly Fitz, die immer noch nach dieser Formel lebt. Auch nach Jahren der Bühnenabstinenz noch. Vorhang auf, heute kommt Besuch. Vorhang auf, jetzt bring was, mach was aus der Chance des Auftritts. Licht aus, Spot an, shine on you crazy diamond.

»Diese Grundhaltung hat mich anfangs ganz verrückt gemacht«, erinnert sich Ali Khan. »Ich hab noch ganz genau die Autofahrt zu Lisas Eltern im Gedächtnis. An dem Tag, als ich ihnen das erste Mal vorgestellt werden sollte. ›Jetzt bring' halt was und sei so lustig, wie du in guten Momenten sein kannst‹, hat Lisa von mir verlangt. Sie wollte, daß ich mich dieser Regel unterwerfe, richtig schön aufdrehe, schräg, schrill, unterhaltend. Ich fühlte mich regelrecht wie unter einem Premierendruck. Aber ich glaub', das Ganze ging auch ohne eine Entertainment-Hochleistung von mir ganz gut ...«

1995 erscheint die CD »Loonatic«. Fürs Cover gibt's Lisa Fitz orientalisch.

Lisa Fitz weiß ganz genau, wo sie ihr Publikum findet. Irgendwo im Freiraum zwischen den Etablierten und den Unterhaltungssüchtigen. Irgendwo zwischen den Fans von Hildebrandt, Hüsch & Co. und jenen von schrägen Vögeln wie Ringsgwandl. Und sie hat auch einen Riecher dafür, wer gerade da unten im Saal sitzt oder vor dem Bildschirm. Drum zeigt sie bei ihren »Scheibenwischer«-Auftritten deutlich ihre feingesponnene und intellektuelle Seite und im Rahmen eines Kleinkunst-Bierzelt-Jubiläums ihre deftige. Gibt dem Affen, aus welcher Ecke er auch kommen mag, Zucker. Und bleibt sich dennoch dabei treu. Weil sie eben die verschiedensten Facetten nicht nur spielt, sondern auch empfindet und lebt. Heute depressiv inspirierte Grüblerin, bewußte Emanze und Weltverbesserin – morgen lustbetontes Vollweib und Genießerin, mit allen Konsequenzen. Auch um den Preis, den Freunden des moralinsauren Kabaretts unglaubwürdig zu erscheinen. Weil sie nicht anders kann. Und vor allem auch nicht anders will.

Sie steht da in einer Reihe mit Künstlern wie Dieter Hildebrandt, Gerhard Polt, Konstantin Wecker, Franz Xaver Kroetz, die Biermösl Blosn und Bruno Jonas. Alles Kollegen, die Lisa Fitz sehr schätzt und die auch ihrerseits viel von ihr halten. Am meisten aber bewundert sie die Arbeit des Passauer Kabarettisten Sigi Zimmerschied: »Der hat am wenigsten an Schärfe verloren und ist immer noch so radikal wie eh und je.«

Jede Art von Kunst entsteht aus Reibung und Widerspruch. Vor allem aus Reibung und Widerspruch im Künstler selbst. Wer weiß denn schon, daß zum Beispiel Dieter Hildebrandt hin und wieder die Pause seiner engagierten Live-Programme früher setzt, um ganz hysterisch in seinen Luxus-BMW zu rennen und das Radio anzudrehen, damit er ja nicht das Ergebnis eines wichtigen Fußballspiels verpaßt? Wer war schon mal dabei, wenn sich Sigi Zimmerschied und Bruno Jonas, beides preisgekrönte Lästermäuler aus dem bayerischen Passau, über die Abschreibungsmöglichkeiten beim Kauf von Eigentumswohnungen unterhalten? Und wer hat schon mal gesehen, wie ordinär sich Udo Lindenberg, der Urvater aller Deutschrocker, der Texter und Interpret genial-romantischer Liebeslieder, im Vollsuff an eine Minderjährige ranschmeißt?

Ein gefönter Porschefahrer als jahrelanger Freund oder hin und wieder eine spontane Liebesnacht mit einem knackigen One-Night-Stand machen noch lange keinen Winter. Auch dann nicht, wenn man in TV-Talkshows öffentlich darüber redet. Gerade dann nicht.

Und auch kein populistischer Live-Gag, bei dem manche Zeitgenossen Magenschmerzen bekommen, muß automatisch zur großen Glaubwürdigkeitskrise führen. So ist sich der Kabarettist Matthias Deutschmann im Privatkreis nicht zu gut dafür, eine Haßtirade auf Lisa Fitz loszulassen, weil sie erstens in einer ihrer Shows ein Kondom übers Mikrophon zieht (wohlgemerkt als Gag in Zeiten der AIDS-Diskussion und der damit gefährdeten Meinungsfreiheit!), weil er sie schon mal mit dem Champagnerglas in der Hand gesehen hat und überhaupt. So erzählt es zumindest Lisas Cousine Ariela Baumann.

Und auch die anderen populistischen Gags, die sich Lisa Fitz leistet, um dem Affen Zucker zu geben, müssen nicht unbedingt zur Verwirrung beitragen. Es sind nämlich ganz normale Entertainergags, abgeschaut aus der Las-Vegas-Schule, die für eine Einbindung des Publikums sorgen. Nicht nur um des Erfolges willen, sondern auch im Hinblick darauf, daß sich keiner der Zuschauer ruhig zurückgelehnt von Gag zu Gag hangeln kann, um danach befriedigt aufzurülpsen. Keiner im Saal ist vor ihr sicher. Es kann jeden treffen.

Die Fitz liebt das Spiel mit der Spannung. Besonders mit jener, die sie auf die Fans übertragen kann. So zieht sie oft suchend durch die Zuschauerreihen und treibt ihre Spielchen.

Da setzt sie sich dann aufreizend auf den Schoß eines beleibten Herren, fragt ihn übers Mikrophon nach seinem Namen und läßt das arme Opfer ebenfalls übers Mikro antworten. Um dann fröhlich und beruhigend zu verkünden: »Rudi? Rudi! Des macht doch nix!« Alles lacht, alles ist fröhlich. Schon allein deshalb, weil der Kelch bei Rudi hängenbleibt. Und auch Rudi wird diesen Abend nicht vergessen.

Schon allein deshalb nicht, weil Rudi als Running Gag immer wieder mal von der Bühne aus angesprochen wird. »Der, von dem ich grad erzählt hab, des war mehr so a Typ wie du, Rudi, so ein niederbayerischer Verdränger. Woaßt, wos i moan?«

Und in ihrem Programm »Heil!« wendet sich Lisa Fitz mitten in ihrem Monolog über den Esoterik-Kindergarten ebenfalls unvermittelt an einen Zuschauer: »Wieviel verdienst 'n du? Sags halt. Jetzt sags halt, sonst muß ich dich schätzen, na werd's peinlich. Viere? Brutto! Sigstas, du kannst dir so a Depression gar net leisten!« Und jeder Zuschauer ist froh, nicht selbst geschätzt worden zu sein.

Die Fitz treibt aber das Spiel mit dem Publikum noch wesentlich weiter. Zieht einen Mann aus der ersten Reihe raus auf die Bühne, umgarnt und bezirzt ihn zusammen mit einer attraktiven Mitmusikerin, knöpft ihm das Hemd auf, krault ihm durchs Haar, auch das auf der Brust, und verabschiedet ihn dann letztlich mit einem aufmunternden: »Du warst der netteste Gusti, den wir je hatten!« Gusti, oder wie auch immer, ist heilfroh, daß die mündliche Prüfung in der Schule, noch dazu vor der ganzen Klasse, überstanden und vorbei ist. Man sieht's ihm richtig an. Mit aufgeknöpftem Hemd und leicht zerzaust, darf er endlich die Bühne verlassen. Der Gusti hat seinen Dienst getan, der Gusti darf gehen. Glücklicher Gusti. Armer Gusti. Wahrscheinlich hat er nicht so prompt reagieren können, als ihn die Domina in die Mangel genommen hat. Und wahrscheinlich hat er sich auch ein »Du sollst laut antworten, wenn das Frauli dich was fragt!« eingehandelt.

Dann gibt's auch noch Spiele mit der Polaroidkamera. Lisa manipuliert einen Zuschauer, den rechten Arm hochzurecken. »Heil!« wie »Heil Hitler«. Peng, Blitz, Foto, schon ist es passiert. Um dann ganz hinterfotzig übers Mikrophon ihr armes Opfer zu fragen: »Was zahlst 'n für den Abzug, ha?«

Dazwischen gibt's in einer Fitz-Show immer wieder so kleine Anmachereien wie »Was schaugst so bläd?«, oder, wenn sie eine Alkoholikerin mimt, die frech, fröhlich und ungeniert mit dem Inhalt ihrer Flasche rumsaut und dabei vorn im Saal die Zuschauer scheinbar versehentlich mit Flüssigem trifft: »Ha, des habt's jetzt davon, von euren teuren Plätzen, ihr Angeber!« Und: »Betrunkene Frauen sind das allerschlimmste – aber nur für Männer!«

Lisa Fitz aber stellt ihr Publikum mitunter hart auf die Probe. Regt es zum Beispiel zum Mitklatschen und -stampfen zu einem zumindest rechtslastigen Refrain in Sachen deutscher Ordnung an. Die Ladehemmung ist vorprogrammiert, schließlich ist ein Kabarettpublikum nicht unbedingt auch ein Bierzeltpublikum und umgekehrt, nicht mal in der Provinz. Also dann, deutsche Ordnung, eins, zwei, drei, macht alle mit. Nach den ersten (wohlgemerkt: beabsichtigten) halbherzigen Reaktionen dann die gespielte Einsicht der Entertainerin: »Ich weiß, daß euch das jetzt peinlich ist, aber des nützt euch nix!« Dann: »Da müßt ihr jetzt durch! Fitz kommt nicht von Benefiz, sondern von Malefiz!« Und schließlich, wenn's immer noch nicht so klatscht und stampft, wie sich das die gestrenge Dame auf der Bühne wünscht, ein lässiges: »Also ich, ich hab' Zeit. Gestern hat das Programm vier Stunden gedauert.«

Lisa Fitz kann sich sogar live auf der Bühne über Kritiker von der Zeitung mokieren. Obwohl sie sich oft auch genug über diese speziellen Zuschauer aufregen kann. Und sich oft genug über sie richtig ärgert. Trotzdem zeigt sie nicht die geringste Art von Feigheit vor dem Feind. Und tönt munter von der Bühne runter: »Ich hasse es, wenn Menschen Denkschwäche für Ich-Stärke ausgeben. Schreiben Sie sich diesen Satz auf – der ist gut!« Wie gut dieser Satz wirklich ist, hat vielleicht nur ein Bruchteil der Angesprochenen realisiert.

Ein Geniestreich in Sachen Populismus und fast Demagogie ist der Fitz schon in ihrem »Ladyboss«-Programm gelungen. Alle sollen sie zum großen Finale mitsingen, die Damen und die Herren, die Frauen und die Männer, die Buben und die Mädels, irgendeinen netten Text über Polizisten, die ohne ihre amtliche Kopfbedeckung, »ohne ihr Mützerl«, ihre Mütze, Komplexe kriegen. Aber es soll nicht zuerst die rechte Saalhälfte und dann die linke Saalhälfte singen, auch nicht zuerst die Damen und dann die Herren, sondern zuerst diejenigen, die schon mal an einen Seitensprung gedacht haben. Reaktion: Na ja. Dann alle, die schon einmal fremdgegangen sind. Auch nicht so berauschend. Dann bitte aber all jene, die schon mehrmals fremdgegangen sind. Das Publikum biegt sich vor Lachen, traut sich aber dennoch nicht, in den eingeforderten Refrain miteinzustimmen. Aber Ali hinter seinem Schlagzeug, bis zu diesem Moment der Let's-sing-together-Show nicht als Troubadur in Erscheinung getreten, außerdem noch zu jener Zeit mit Lisa verheiratet, singt aus voller Brust. Lisa mimt daraufhin demonstrativ die Überraschte. There's no business like show business. Das Spiel mit einem Publikum reizt Lisa schon von Kindesbeinen an. Klar ist sie eitel, welcher Künstler ist das nicht? Und deshalb freut sie sich auch, wenn ihre Show ankommt. Und liest auch fleißig die Kritiken. Hat, wie fast alle ihrer Kolleginnen und Kollegen, einen Ausschnittdienst bestellt. Eine Agentur, die bundes- und sonst wie weit alles sammelt, was immer in der Presse veröffentlicht wird. »Gott sei Dank komm' ich ja meistens gut weg dabei. Doch es gibt auch schon Berichte und Kritiken, über die ich mich richtig aufrege, tagelang. Sogar dann, wenn ich am Schreibstil erkenne, daß ein Blödmann oder eine Blödfrau zu Werke war. So was gibt's ja auch, immer wieder.«

*Ein Auftritt mit besonderem Nervenkitzel: »Stars in der Manege«
1994*

*Kollegen im Gespräch: Lisa mit Konstantin Wecker im März 1996
in München anläßlich der Buchpremiere des Porträtbandes »Konstantin Wecker – Der Himmel brennt«*

Die richtigen und wichtigen Kritiken kommen allerdings nicht aus der Presse oder aus dem Radio, sondern aus Lisas Freundeskreis. »Gegen diese Einschätzungen wehre ich mich dann am Anfang immer ein bißchen, schon deshalb, weil man sich als Powerfrau von Haus aus gegen alles und jeden wehren muß. Aber dann übernehme ich doch den einen oder anderen Verbesserungsvorschlag, baue ihn sogar ins laufende Programm ein, ändere dieses oder jenes, lasse mich sogar anregen zu Neufassungen einzelner Szenen.«

Fans, die sie auf der Straße oder im Café nach einem Autogramm fragen, findet sie am Anfang ihres Schaffens noch »sehr schmeichelhaft«, zu Zeiten der »Bayerischen Hitparade« im Fernsehen lästig und unangenehm (»Das war der Beifall von der falschen Seite!«); und jetzt meint sie, daß das Aushalten des Gebarens der Fans »der Preis für den Ruhm« ist und daß sie geduldig damit umgehen kann. Und auch will. »Ohne meine Fans wäre ich nicht die, die ich heute bin. Ich brauche sie. Aber das Schöne dabei ist: sie brauchen auch mich!«

Und die Preise und Auszeichnungen? Ziehen die einen engagierten und aufmüpfigen Künstler nicht ins bürgerliche Lager? Wird man damit nicht sogar vereinnahmt, irgendwie von der Grundhaltung her versöhnlich oder gar korrupt? So wie in »Geld Macht Geil« beschrieben? »Korrupt ganz bestimmt nicht, nie und nimmer. Da habe ich meine Kontrollmechanismen eingebaut. Und all die Preise, die ich bekommen habe, kitzeln höchstens meine Eitelkeit. Natürlich freue ich mich über die öffentliche Anerkennung. Und ich genieße das auch. Aus vollem Herzen. Eine Zeitlang. Aber danach finde ich ganz schnell wieder zu mir zurück.«

15.

I did it my way

Eine Konklusion zum Thema Lisa Fitz ist nicht möglich. Weil es keine gibt und auch keine geben darf. Lisa ist ständig in Bewegung, ständig im Aufbruch begriffen zu neuen Ufern. Getreu dem Motto »Stillstand ist Tod« gibt es für sie immer nur Zwischenstationen. Nur das Schlußwort zu diesem Buch, das natürlich ihr gehört und das sie in ihrem Buch »Die Heilige Hur'« unter der Überschrift »Lebensziel« bereits veröffentlicht hat, gibt ein Statement wieder, das bestimmt auch noch in etlichen Jahren seine Gültigkeit nicht verlieren wird. Das spürt man. Und, Verzeihung, frau natürlich auch.

Mir wird zuweilen
der Vorwurf gemacht,
ich sei zu ordinär –
von Menschen, die,
offensichtlich mit einem
sensibleren Empfinden
für Unanständigkeit
ausgestattet,
sich über gewisse
Worte kränken –
die ihnen
von ihrer Erziehung her,
sagen wir einmal –
nicht geläufig sind.

Ich aber möchte
am Schluß nicht sagen müssen:
Mein Leben hat
allen gefallen,
nur mir selbst nicht!

Lebensdaten – Werke – Ehrungen

1951:   Lisa Fitz wird am 15. September in Zürich geboren, in dritter Generation der Münchner Theaterfamilie Fitz, Eltern: Molly und Walter Fitz

1958:   Yoga-Unterricht seit dem siebten Lebensjahr

1961:   Klassische Gitarre seit dem zehnten Lebensjahr

1967:   Gymnasium abgebrochen, anschließend Musikausbildung, Tanzunterricht und drei Jahre Schauspielschule mit Abschluß

1972:   Fernseh-Senkrechtstarter mit der Sendung »Die Bayerische Hitparade« und dem selbstgeschriebenen Hit »I bin bläd«

1976:   Prägende Freundschaft und Zusammenarbeit mit dem Dramatiker Franz Xaver Kroetz; u.a. spielt Lisa Fitz in »Zeit zum Aufstehn« (1976), »Das Nest« (1978), »Heimat« (1979). Unter der Kuratel ihres Vaters und Managers gibt's 4 LPs, 4 Single-Auskopplungen, über 100 Fernsehsendungen, Moderationen von TV-Popshows, Entertainment-Jobs für Firmen und Organisationen.

1979:   Berufliche Trennung vom Vater

1980:   Lisa lernt den Rock-Schlagzeuger Ali Khan-Halmatoglu kennen. Kurz darauf Heirat. Produktion der Single »Mein Mann ist Perser« als Reaktion auf rassistische Zuschriften anläßlich der Hochzeit

1981:   Sohn Nepomuk kommt auf die Welt.

1982:   Produktion des Programmes »Die Heilige Hur'«, LP und Kabarettprogramm

1983: Theater im Münchner Volkstheater unter der Regie von Ruth Drexel, anschließend an den Münchner Kammerspielen mit »Nicht Fisch, nicht Fleisch« von Kroetz. Dann große Theatertourneen mit Stücken von Horvath und Kroetz und mit den Klassikern »Sommernachtstraum« von Shakespeare und »Hexenjagd« von Arthur Miller

1986: Produktion des Programmes »Ladyboss« (Kabarett und Rock), parallel dazu Auftritte mit der Rockband »Hydra Connection«

1989: Kabarettprogramm »Geld Macht Geil«

1991: Scheidung von Ali Khan, doch die künstlerische Zusammenarbeit der beiden besteht bis heute.

1994: Kabarettprogramm »Heil!«

1996: Kabarettprogramm »Kruzifix«

Singles:

1972: »I bin bläd«

1974: »S' war schee«

1974: »Der Tango-Franz«

1980: »Mein Mann ist Perser«

1981: »Der deutsche Polizist«

1994: »Genießen erlaubt«

Schallplatten/CDs:

1972: »I mag di«

1974: »I sag's wie's is«

1976: »I flipp aus«

1983: »Die Heilige Hur'«

1985: »Lisa live«

1987: »Ladyboss«

1990:	»Geld Macht Geil«
1993:	»Bilder im Kopf«
1994:	»Heil!«
1995:	»Loonatic«

Filmrollen:

1974:	»Goldfüchse«
1975:	»Der Wittiber«
1976:	»Die Leute von Feichtenreut«
1978:	»Zeit zum Aufstehn«
1979:	»Das Nest«
1979:	»Heimat«
1981:	»Mein Freund der Scheich«
1982:	»Der Neger Erwin«
1984:	»Hildes Endspiel«

Außerdem Auftritte in »Ein Fall für zwei«, »Polizeiinspektion 1«, »Pumuckl«, »Weißblaue Geschichten«, »Die Henne und das Ei«, »Auf Achse«, »Scheibenwischer« (mehrmals), unzählige TV-Shows und TV-Talk-Runden, vieles mehr

Theaterrollen:

1981:	»Die Rumpelhanni«
1983:	»Glaube und Heimat«
1984:	»Nicht Fisch, nicht Fleisch«
1984:	»Figaro läßt sich scheiden«
1985:	»Ein Sommernachtstraum«
1985:	»Hexenjagd«

Bücher:

1987:   »Die Heilige Hur'«, Bleicher Verlag, Gerlingen
1989:   »Geld Macht Geil«, Bleicher Verlag, Gerlingen
1994:   »Heil!«, Bleicher Verlag, Gerlingen
1995:   »Flügel wachsen nach« (autobiographisch gefärbter Roman), Heyne Verlag, München

Live-Programme:

1976:   Bei der »Lach- und Schießgesellschaft«
1983:   »Die Heilige Hur'«
1985:   »Ein Perser kommt selten allein«
1987:   »Ladyboss«
1989:   »Geld Macht Geil«
1993:   »Heil!«
1996:   »Kruzifix«

Preise und Auszeichnungen:

1974:   Nürnberger Trichter
1985:   Schwabinger Kunstpreis
1987:   Ludwig-Thoma-Medaille
1990:   Deutscher Kleinkunstpreis
1994:   Kleinkunstpreis von Ybbs (Österreich)

Angaben zum Autor

Arno Frank Eser

Jahrgang 1953, Ausbildung zum Werbegrafiker, 1978–1984 Herausgabe einer eigenen alternativen Stadtzeitung, Spezialist für junge Musik, von der Liedermacher-Zunft bis hin zu Rock und Pop, 1985–1990 Moderator und Redakteur bei diversen Radiosendern, u. a. Bayern 3, Radio 7, Radio Xanadu; schreibt als freier Journalist u. a. für die *Abendzeitung* München, für Musikmagazine und Zeitschriften.
Buchveröffentlichung: »Konstantin Wecker – Der Himmel brennt«, Ch. Links Verlag, Berlin 1996.

Fotonachweis

Privatarchiv Lisa Fitz: S. 15, 17, 25, 26, 47, 68
Fitz-Company: Titelfoto, S. 2, 93
Horst Prange: S. 55, 81, 99 o.
Ch. Links Verlag: S. 99 u.
Klaus Primke: S. 41
ORF/Andreas Friess: S. 71
Fred Lindinger: S. 33
Stefan Worring: S. 61
BR/Sessner: S. 60

Arno Frank Eser
Konstantin Wecker
Der Himmel brennt

»Der Himmel brennt« über Konstantin Wecker nicht erst, seit er wegen Kokain-Besitzes in Untersuchungshaft mußte. Liedermacher, Schauspieler, Schriftsteller, Lebemann – von den einen gelobt, von den anderen verteufelt. An Wecker scheiden sich die Geister. Arno Frank Eser, der ihn lange Jahre kennt und journalistisch begleitet, versucht sich dem »Gesamtkunstwerk« Wecker mit all seinen Widersprüchen zu nähern. Ein Leben zwischen Anspruch und Realität, zwischen Kunst und Kommerz, zwischen dem Image als sensibler Künstler und seiner Gier nach Lebenslust. In seinen Liedern und im Leben überschreitet Wecker Grenzen, an die viele sich nicht herantrauen. Als er im Gefängnis in Stadelheim saß, schrieb sein Musikerfreund Willy Michl: »Männer wie Du haben die Aufgabe, das Leben in all seinen Höhen und Tiefen zu erforschen, um dann den Menschen sagen zu können: ›So ist es!‹«

Schräge Köpfe
112 Seiten, Broschur, 12 x 19 cm
mit zahlreichen Fotos
19,90 DM/sFr.; 147,00 öS
ISBN 3-86153-104-6

Franz Kotteder

Georg Ringsgwandl

Rock vom Doc

Tagsüber am Operationstisch, abends in Konzerthallen. Mit schrillen, exzentrischen Rocksongs in ebenso schriller Kostümierung machte Georg Ringsgwandl als »singender Oberarzt« von sich reden. Mit anarchistischen, lakonischen Texten sezierte er die Schickeria und den Papst, die bayerische Regierungspartei wie die »smarten, angepaßten Streber-Kollegen«. Mittlerweile hat Georg Ringsgwandl das Skalpell beiseite gelegt, schreibt Theaterstücke und Romane. Seine Musik ist nachdenklicher geworden, geblieben ist seine messerscharfe Analyse der gegenwärtigen Gesellschaft. Franz Kotteder reiht Ringsgwandl in die Gilde der Songpoeten ein: »Er ist auf dem Weg, ein bayerischer Bob Dylan oder Leonard Cohen zu werden.«

Schräge Köpfe
120 Seiten, Broschur, 12 x 19 cm
mit zahlreichen Fotos
19,90 DM/sFr.; 147,00 öS
ISBN 3-86153-105-4

Klaus Kamolz
Hermes Phettberg
Die Krücke als Zepter

Hermes Phettberg, geboren 1952, wuchs als Josef Fenz in *Unter*nalb (*Nieder*österreich) auf. Nach seiner Ansicht erniedrigten ihn schon die Ortsbezeichnungen zum minderwertigen Dasein. Doch Hermes Phettberg wurde ein Star. In diesem ersten Porträt der »relativ peinlichen Existenz«, als die er sich sieht, zeichnet Klaus Kamolz Phettbergs Weg vom begeisterten Ministranten bis zum bekennenden Schwulen, Sadomasochisten, dröhnenden Schauspieler und Aktionisten, provokanten Kolumnisten und emphatisch-liebenswerten Talkmaster. Nicht nur die Wiener Off-Kulturszene betrachtet ihn heute als Messias, der über die trostlose österreichische Medienlandschaft gekommen ist. Phettbergs Lebensmotto: »Jede Krücke kann zum Zepter werden.«

Schräge Köpfe
120 Seiten, Broschur, 12 x 19 cm
mit zahlreichen Fotos
19,90 DM/sFr.; 147,00 öS
ISBN 3-86153-106-2